Claudia Mühlan

Du schaffst es!

Überlebenstraining für Mütter

MENANDER Verlag

Bibliografische Information der Deutschen Bibliothek:
Die Deutsche Bibliothek verzeichnet diese Publikation in der
Deutschen Nationalbibliografie; detaillierte bibliografische Daten
sind im Internet über http://dnb.ddb.de abrufbar.

1. Auflage 2013

MENANDER Verlag

www.menander-verlag.de

ISBN 978-3-944584-24-9

Umschlaggestaltung: Nico Mühlan, Gobasil, www.gobasil.com

Titelfoto: Janine Guldener, www.janine-guldener.com

Herstellung: MENANDER Verlag / dbusiness.de gmbh, Berlin

INHALT

Vorwort zur Neuauflage

Genau zwanzig Jahre ist es her, dass das Buch „Du schaffst es!" in der Erstauflage erschienen ist. Damals hatte ich gerade Halbzeit, d.h. zwanzig Jahre turbulentes Familienleben bewältigt. Die Ratschläge des Bestsellers haben unzählige Frauen für ihr eigenes Mutterdasein inspiriert, aber auch einige irritiert und verärgert - da ich als junge Frau einen recht forschen, fordernden Ton angeschlagen hatte.

Immer wieder bin ich angefragt worden: „Kann das Buch nicht wieder erscheinen? Es enthält doch wahre, zeitlose Schätze!"

So habe ich es aus dem Regal genommen und noch einmal durchgeschmökert - und war beeindruckt. Manche Alltagsdetails hatte ich inzwischen fast vergessen, aber die Grundthesen zum Belastbarwerden und der Alltagsorganisation gelten auch noch für heute und werden jungen Müttern helfen, ihre Berufung gern wahrzunehmen.

Nun gut, würde ich das komplette Buch erst jetzt schreiben, dann würde ich mich an manchen Stellen einfühlsamer und weniger herausfordernd ausdrücken (ich habe manche Stellen auch geglättet, die Grundthesen aber stehengelassen). Die vielen Begegnungen mit Müttern, die schwere Krisen zu durchstehen hatten oder sich in nahezu aussichtslosen Situationen befanden, haben mich barmherziger gemacht. Auch für mich gab es schwere Zeiten und starke Umstellungen – in unserem neuen Buch „Unser Abenteuer – persönliche

Einsichten aus mehr als 30 turbulenten Familienjahren"[1] bin ich mit Eberhard zusammen darauf eingegangen. Es stimmt: Nicht auf jede Lebensfrage gibt es einfache Antworten.

Mittlerweile lebe ich nur noch mit Eberhard in unserem großen Haus und stelle mir selbst kopfschüttelnd die Frage: „Wie hast du das damals nur geschafft?" So ist das Buch für mich wie ein kostbares Dokument, und ich wünsche mir, dass es dich für dein Muttersein ermutigt und anspornt.

Inzwischen dreht sich mein Leben längst nicht mehr um Kinder und Haushalt. Statt Biogarten findest du bei uns nur noch eine große Rasenfläche. Die Kochtöpfe sind kleiner geworden, die Einkaufslisten kürzer, die Haushaltsplanung ist lockerer. Ich kann inzwischen mehr an mich denken und Dinge tun, auf die ich früher bewusst verzichtet habe. Ich bin eine ausdauernde Joggerin geworden, studiere liebend gern Bücher und bilde mich weiter. Die Leitung des von uns mitgegründeten Vereins Team.F – Neues Leben für Familien und der Team.F Akademie haben wir bereits an die jüngere Generation abgetreten und uns neuen Aufgaben zugewandt. Es ist herrlich, Eberhard ganz für mich zu haben, mit ihm zusammen zu reisen und im In- und Ausland Seminare zu halten. Ich genieße es!

Ganz neu aufgegangen ist mir, dass das Leben einer Frau noch intensiver von unterschiedlichen Lebensphasen geprägt ist als das eines Mannes. Und wie wichtig es ist, sie zu akzeptieren und erfolgreich zu bewältigen! Deswegen habe ich diesem wichtigen Thema ein extra Kapitel gewidmet.

Mir ist bewusst, dass es die traditionelle Vollzeitmutter in Zukunft kaum noch geben wird. Auch wenn ich zu dieser Spezies ge-

---

[1] „Unser Abenteuer – Persönliche Einsichten aus mehr als 30 turbulenten Familienjahren", Menander Verlag. Zu beziehen über www.muehlan-mediendienst.de.

höre - wie hätte es bei diesen vielen Kindern auch anders sein können -, vertrete ich nicht, dass eine Mutter ausschließlich zu Hause bleiben sollte. Ich bin fasziniert von den vielen Möglichkeiten, die eine junge Mutter heute wahrnehmen kann. Allerdings sollte das Wohl des Kindes stets an oberster Stelle stehen und „frau" auch zu Opfern bereit sein. Auch diesem Thema habe ich ein Kapitel gewidmet.

Auf jeden Fall ist ein wunderbares Gefühl, wenn man die Mutterphase nicht nur schnaufend überstanden, sondern auch erfolgreich abgeschlossen hat. Um sich dann wiederum Neuem zuwenden zu können. Es ist immer noch viel los in unserem Haus. Wir genießen es, wenn Kinder und Enkel zu Besuch kommen (Platz haben wir ja immer noch genug). Es ist herrlich, mit ihnen zu diskutieren und ein großes Vorrecht, ihnen Rat für ihr Leben geben zu dürfen. Aber auch einfach nur zusammen zu sein und Spaß zu haben, ist toll. Familie ist schön!

Dir wünsche ich, dass auch du am Ende deines „Familienmarathons" genauso erfüllt zurückschauen kannst wie ich und die nächste Lebensphase zuversichtlich angehen kannst.

Wie du das erreichen kannst, liest du auf den folgenden Seiten. Viel Spaß!

PS: Ist es in Ordnung, wenn ich die persönliche „Du" Form beibehalte? Irgendwie fühle ich mich dabei wohler - es geht ja auch um die ganz persönlichen Themen von uns Frauen, wie von einer älteren Freundin an die jüngere.

Ausgebrannte Mütter

Ich begegne zu vielen erschöpften und überforderten Müttern. Das bereitet mir Sorgen, und ich möchte ihnen helfen. Aber nicht nur die Frauen leiden, die ganze Familie ist betroffen: Der Ehemann, die Kinder – selbst der Hund verdrückt sich, wenn dicke Luft ist.

Eine Szene in unserer Einkaufspassage kann ich nicht vergessen: Eine junge Mutter zerrt ihre etwa vierjährige Tochter im Eiltempo an der Hand hinter sich her. Die Kleine stolpert, fällt auf die Knie, rappelt sich mit Tränen in den Augen wieder auf und weiter geht's.

Weil sie bei dem Tempo einfach nicht mithalten kann, stürzt sie wieder. Wütend reißt die Mutter sie hoch und faucht sie an: „Wenn dir das noch einmal passiert, dann kannst du was erleben…"

Oder eine Mutter, die ihr sechs Monate (!) altes Baby mehrfach am Tag anschreit, es schüttelt und dann jedes Mal unter Tränen um Vergebung bettelt.

Was mag in solchen Frauen vorgehen? Was müssen sie durchlitten haben, dass sie ihre Kleinen so unbeherrscht traktieren? Warum sind sie bereits ausgebrannt, wo doch ihr Familienleben gerade erst begonnen hat? Womit haben sie ihre Lebensenergie aufgebraucht, dass sie jetzt schon solche Nervenbündel sind?

Es ist ganz bestimmt nicht Gottes Absicht, dass Eltern sich ständig überfordert und ausgebrannt fühlen und schließlich zu nichts anderem mehr fähig sind, als an ihrem Alltag zu verzweifeln!

Deswegen möchte ich dir eine Strategie vorstellen, wie du belastbarer werden und bleiben kannst. Ich hoffe inständig, nicht nur die Mütter zu erreichen, die am Ende ihrer Kräfte sind, sondern gerade auch solche, die noch zuversichtlich und unbeschwert ihre Energiereserven anzapfen. Damit deine Kraft für die nächsten rund zwanzig Jahre reicht, brauchst du ein „Durchhalte-Training"!

Der Anfang unseres Abenteuers[2]

Ja, wir hatten schon eine ungewöhnliche und ausgesprochen stürmische Familiengründung, die uns nahezu überforderte. Kurz zusammengefasst sah sie so aus: Mit 21 Jahren war ich bereits Mutter von sechs Kindern, einem leiblichen und fünf angenommenen. Klingt verrückt, oder?

Wie ist es dazu gekommen?

Eberhard und ich heirateten 1970 ausgesprochen jung: Ich war gerade 19 Jahre alt und Eberhard knapp 23. Er studierte an der Pädagogischen Hochschule in Braunschweig, und ich verdiente unsere Brötchen als Bürokauffrau bei Siemens. Wenn du diese Zeit vor Augen hast, weißt du, dass die Hippie-Bewegung mit der sexuellen Revolution gerade in voller Blüte stand und die Studentenunruhen begannen. Alle traditionellen Werte über Ehe und Familie wurden infrage gestellt, neue Formen des Zusammenlebens ausprobiert: Landkommunen, offene Beziehungen, antiautoritäre Erziehung...

---

[2] Die ausführliche Geschichte zu unserer stürmischen Familiengründung kannst du in unserem Buch „Unser Abenteuer – Persönliche Einsichten aus mehr als 30 turbulenten Familienjahren", Menander Verlag, nachlesen.
www.muehlan-mediendienst.de

Obwohl wir in einer guten, freikirchlichen Gemeinde aufgewachsen waren, hatten wir kaum etwas darüber gehört, wie man als Christ Ehe und Familie gestaltet. Wir mussten uns das alles selbst mühsam erarbeiten. Einerseits faszinierte uns die neue Freiheit – Eberhard sah mit seinen Röhrenjeans und schulterlangen Haaren echt alternativ aus –, andererseits spürten wir, dass dieser wilde Lebensstil nicht der Weisheit letzter Schluss war.

Mit der typisch traditionellen Familienform wollten wir uns aber auch nicht identifizieren. So beschlossen wir, eine partnerschaftliche Ehe zu führen. Wir wollten alles gemeinsam machen. Als jung verheiratetes Ehepaar ohne Kinder ist das ja auch kein Problem.

Wir waren in unserer örtlichen Jugendgruppe aktiv, leiteten einen Hauskreis mit vielen jungen Leuten und mischten auch noch in einer christlichen Teestube mit. Der größte Hit war unsere christliche Rockband. Wir gehörten zu den Pionieren – Lautstärke war zu der Zeit noch wichtiger als Qualität – und waren mehrmals im Monat zu Straßeneinsätzen, Konzerten und Evangelisationen unterwegs; ich war als kritische Beobachter im Hintergrund immer dabei. Wir liebten dieses abwechslungsreiche und quirlige Leben.

Hinzu kam Eberhards Spleen zum „Globetrottern". Er hat wirklich unstetes Blut in den Adern und musste in jeder freien Minute unterwegs sein. Mit unserem selbst ausgebauten Camper waren wir einmal am Nordkap, das nächste Mal in Marokko. Ich liebte es, mit Eberhard in den unendlichen Sternenhimmel zu schauen und von unserem gemeinsamen zukünftigen Leben zu träumen. Aber über allem stand das Verlangen, Gottes Plan für unser Leben zu erkennen und auszuführen.

Ziemlich schnell – so nach etwa einem Jahr – tauchte bei uns der Wunsch auf, ein Baby zu bekommen. Als ich dann schwanger war und mein Bauch sichtlich wuchs, wurde mir doch etwas mulmig. „Was kommt jetzt auf mich zu?", habe ich mich gefragt. „Herr, muss ich jetzt alles aufgeben: Meine ganze Freiheit, das Reisen, die evangelistischen Einsätze? Soll ich jetzt wie eine typische Mutti immer nur zu Hause hocken – nur wegen eines Kindes? Das lohnt sich doch gar nicht!"

So habe ich damals gebetet; ich ahnte nicht, dass Gott mein Gebet prompt erhören würde. Zu der Zeit waren wir externe Mitarbeiter in einem gerade gegründeten Rehabilitationszentrum für Drogenabhängige bei uns in Braunschweig und erlebten mit, wie Zwillinge, etwa zweieinhalb Jahre alt und dort offensichtlich fehl am Platz, mit den gefährdeten Jugendlichen zusammenlebten. Ihre Mutter hatte sich abgesetzt, und der Vater war nicht in der Lage, sie zu versorgen. Die beiden Kleinen konnten dort nicht länger bleiben! Da ich ja gerade meinen Mutterschutz antrat und zu Hause war, nahmen wir die beiden mit der Einwilligung des Vaters kurzerhand in unsere kleine Studentenwohnung auf. Da hatte ich innerhalb weniger Wochen schon einmal drei Kinder.

„So", klang es in meinem Herzen, „jetzt mag es sich vielleicht lohnen."

Um die Geschichte kurz zu fassen: Bei den dreien blieb es nicht. Innerhalb eines Jahres brachten wir es auf die stattliche Zahl von sechs Kindern, das älteste vier Jahre, das jüngste wenige Monate – und ich ganze 21 Jahre alt!

Als Bürokauffrau ohne viel Ahnung von Kindern musste ich nicht nur lernen, einen Haushalt zu führen, sondern auch noch durch alle ideologischen Irrgärten hindurch zu einer Berufung als Frau und Mutter finden.

Eberhard mit den zweieinhalb Jahre alten Zwillingen 1971

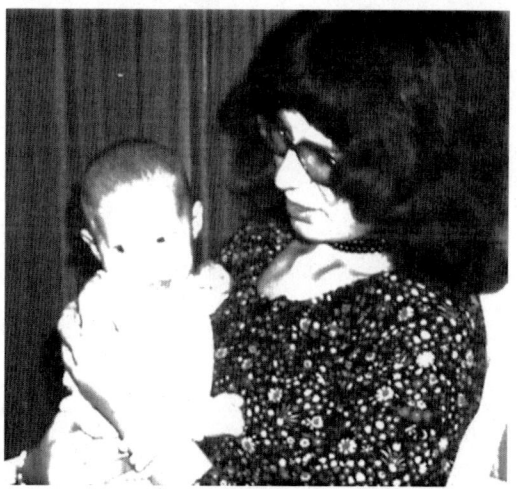

Claudia mit dem neugeborenen Nico 1971

Mein Schwiegervater hatten einen netten Spruch: „Claudia, mit jeder Schwangerschaft wirst du hübscher." Dem kann ich voll zustimmen!

Wo habt ihr nur die vielen Kinder her?[3]

Von Eberhard, zusammengefasst anlässlich einer Familienfeier:

Das wurden wir schon zigmal in unserem Leben gefragt. Sechs Kinder inner-
halb eines guten Jahres ist schon eine ordentliche Leistung. Und das nach einein-
halb Jahren Ehe, und die Mutter gerade mal 21 Jahre alt! Schon verrückt.
Nun, Auslöser war unser brennendes Herz für Jesus. Ihm wollten wir dienen.

Nico war ein Wunschkind. Papa studierte zwar noch und Mama hatte eine
vier Tage Stellung als Bürokauffrau bei Siemens, aber was soll's? Irgendwie
wird Gott uns schon durchbringen.

Wie kamen wir an die Zwillinge? Wir waren externe Mitarbeiter in der
Kaffeetwete, dem neu gegründeten Rehabilitationszentrum für Drogensüchtige.
Und da wart ihr, ihr beiden Süßen mit euren zweieinhalb Jahren, inmitten der
Junkies. Das erste Mal sahen wir euch in einem der riesigen, fast leeren Zimmer
auf dem Töpfchen sitzen, umringt von auf dem Boden liegenden Süßigkeiten.
Glatzköpfig, weil euch der Läuse wegen die Haare geschert worden waren – aus
Jux, man hätte es auch anders machen können.

Irgendjemand musste sich um euch kümmern, mal spazieren gehen und was
Ordentliches zu essen geben. So fingen wir an, euch zu umsorgen, und in unserem
Inneren wuchs der Gedanke, euch aufzunehmen – Claudia musste doch ohnehin
bald mit Nico zuhause bleiben.

Und so kam's: mit Claudias Mutterschutz nahmen wir Britta und Tina
kurzerhand zu uns in unsere kleine Zwei Zimmer Wohnung in der Karlstraße.
Und hatten naiver Weise die Rechnung ohne das Jugendamt gemacht. Zwei alte
Damen tauchten auf und verhörten uns streng. Oh Wunder, sie ließen uns die
Zwillinge. Irgendetwas musste sie an uns beeindruckt haben.

Mittlerweile wurde es mit fünf Personen eng in der Karlstraße. Ich ging auf
Wohnungssuche und bekam natürlich nichts. Wer gibt schon einem langhaarigen

---

[3] Claudia und Eberhard Mühlan, „Unser Abenteuer – Persönliche Einsichten aus mehr als 30 turbulenten Familienjahren", Menander Verlag 2013, S. 20.

Studenten ohne Einkommen und drei Kindern eine Bleibe. Aber Gott hatte eine Lösung. Da war der alte Kowalewski aus der Baptisten Gemeinde, der in Stöckheim ein altes Haus gekauft hatte und es zu einem Zweifamilienhaus umbaute.

So durften wir oben wohnen, während er unten eine Wohnung ausbaute, und dann unten wohnen, während er oben renovierte – immer schön im Baulärm und Dreck und manchmal ohne Wasser.

Aber was sollte es, es war kostenlos. Exakt, bis ich mein erstes Gehalt als Lehrer bekam. Was für ein Timing Gottes! Das Haus mit dem großen Garten war für uns wie ein Geschenk des Himmels. Hier wollten wir bleiben.

Langsam keimte der Gedanke: Warum nehmen wir nicht noch mehr Kinder auf? Das wurde zur Sicherheit, aber nicht wir schritten zur Tat, sondern die zwei Damen aus dem Jugendamt. Sie riefen nämlich an und fragten, ob wir noch mehr Kinder aufnehmen wollten.

So besuchten wir dich, kleine Claudia, im damaligen „Großen Waisenhaus" an der Salzdahlumerstraße. Du warst gerade mal vier Jahre alt. Mein erster Eindruck: Da standst du in dem großen Zimmer mit mehreren Stockwerkbetten und zeigtest uns dein Bett und deinen Besitz, einen Stoffteddy. Fragende, liebeheischende Blicke, die Knie zerschürft, der Gang ganz eckig. „Was kommt da auf mich zu?", magst du gedacht haben.

Wir besuchten dich mehrmals, und dann kam der große Tag an dem wir dich mit Nico und den Zwillingen heimholten. Kinder sind immer eine Brücke und machen es leichter, sich in eine neue Umgebung einzufinden.

Ich erinnere mich, wie du in der ersten Zeit einem Engel gleich durch das Haus schwebtest und alles bewundertest. Denn eine Küche, in der man alles selber macht, hattest du bisher nicht zu Gesicht bekommen. Auch ein Baby, das bemuttert werden konnte und zwei Schwestern, die dich zwar auch ärgerten, aber doch nicht so gemein waren, wie die Jungen im Waisenhaus – alles war neu für dich.

Stefan, du kamst aus dem Säuglingsheim in der Herzogin Elisabeth Straße. Es war noch eins vom alten Stil, und das Jugendamt wollte es unbedingt auflö-

17

sen. Der kleine Stefan mit seinen zweieinhalb Jahren war schon viel zu alt und sollte weg.

Beim ersten Kennenlernen fiel mir dein fahriges, scheues Lächeln auf, so als könntest du niemandem trauen. Du trippeltest unbeholfen auf den Zehenspitzen. Vielleicht wäre er spastisch, meinten die Schwestern und fügten gleich hinzu: „An seine Wutanfälle müssen Sie sich auch gewöhnen."

Als wir mit dir spazieren gehen wollten, stellte sich heraus, dass du überhaupt keine Ausgehsachen hattest. Bisher hatte wohl niemand Zeit gehabt, mit dir nach draußen zu gehen. Auch dich konnten wir nach einiger Zeit abholen – dieses Mal mit vier kleinen Therapiespezialisten.

Und du gewöhntest dich schnell ein. Die erste Zeit trippeltest du zwar noch unsicher auf den Zehenspitzen, aber dann war deine Unbeholfenheit verflogen. Dir fehlte offensichtlich nur die Bewegung.

Harald, du kamst aus dem gleichen Säuglingsheim. Du warst Claudia schon bei den Besuchen von Stefan aufgefallen. Da war eine lange Reihe von weißen Kinderbettchen. In ihnen lagen die weiß und steril gewickelten Babys auf dem Rücken, über sich ein Holzgestell, in dem eine Trinkflasche steckte.

Und eins dieser Babys war ein süßes, schwarzhaariges. Mit einem unendlich traurigen Blick und tief zerfurchter Stirn starrte es vor sich hin. Das muss Mama wohl durch Herz gegangen sein, denn beim Abschied sagte sie den Schwestern: „Den holen wir uns auch noch!"

Du kleiner Kerl gingst uns nicht aus dem Sinn. Wir erkundigten uns nach dir und erfuhren, dass du Harald heißt und auch frei zur Abgabe warst. Da wollten wir dich so schnell wie möglich aus dem emotionalen Gefängnis befreien. Es war Dezember und die Schwestern wollten dich einfach nicht herausrücken, da sie nicht auf die Weihnachtsprämie verzichten wollten. Da kannten sie Claudia schlecht, denn sie wollte dich sofort von dem Trinkgestell weg haben. So kämpfte sie, und du, Harald – dieses Mal von fünf Geschwistern abgeholt – wurdest unser Weihnachtsgeschenk.

So kamen aus einer Schwangerschaft sechs Kinder heraus. Gott schenkte uns für jedes von euch kleinen Geschöpfe eine unbändige Liebe, die man in diesem

18

Ausmaß nicht selbst erwecken kann – und wir lernten gemeinsam als Familie zu leben.

Chris wurde in diese große Geschwisterzahl geboren. Die beiden alten Damen vom Jugendamt waren stolz auf uns und gaben uns jede Unterstützung. Ein Ziel hatten sie noch vor ihrer Pensionierung: Sie wollten dieses unmögliche Säuglingsheim unbedingt auflösen.

Deshalb riefen sie an und fragten, ob wir noch einen Notfall aufnehmen könnten, die kleine Mona. Aber natürlich, wir wussten ja, was sich in diesem Heim abspielte. So kamen wir mit einer Großdelegation und führten dich, kleine Mona - gerade mal vier Monate alt - heim. Du warst so ernst, da gab es am Anfang kein Lächeln auf deinem Gesicht. Das Leben war schwer gewesen, und das musste herausgebrüllt werden. Da hattest du unser vollstes Verständnis. Und Hunger hattest du! Am Anfang mussten dich zwei gleichzeitig füttern. Du konntest nicht genug bekommen. Und auch das legte sich. Dein Lachen kam mit dem Segen und Frieden Gottes.

Jetzt ist aber Schluss mit dem Kinder aufnehmen machte uns das Jugendamt klar. Mit einem weiteren Kind müssten wir ein Heim aufmachen. Und das wollten wir nicht – trotz aller finanziellen Verlockungen. Wir hatten euch Kinder doch nicht aus einem Heim geholt, um wieder ein Heim mit all seinen Verordnungen aufzumachen. So blieben wir ein sogenanntes Pflegenest.

Und warum hatten wir nicht genug und schufen noch fünf weitere süße Mädchen? Ganz einfach: aus Freude an Kindern und dem Zusammenleben mit ihnen! Und um ganz ehrlich zu sein: wir waren so fasziniert von den zwei herrlichen und unterschiedlichen ersten Mühlan Produktionen, dass wir einfach wissen wollten, wie die nächste Kreation namens Ines einmalig anders ausfallen würde, und die nächste Esther, und die nächste Mirke, und die nächste Tirza, und die nächste kleine Marie… Und dann sagte Mama: „Jetzt habe ich Frieden. Die Schöpfung ist mit dem Siebten vollbracht!"

Und wenn ein ganz Vernünftiger uns der Übertreibung bezichtigen wollte, dann soll er uns sagen, auf welches dieser herrlichen Geschöpfe wir hätten verzichten sollen. Wir jedenfalls wissen es nicht!

Rechts:
Fertig zum Spaziergang 1973

Unten:
Das Spielhaus 1975

Links:
Im Garten 1975

Wir haben dicke Fehler gemacht

Es war abzusehen, dass wir beiden jungen Leute mit den sechs kleinen Kindern schnell an die Grenzen unserer körperlichen und psychischen Kräfte kamen. Zudem erfuhren wir von den Leuten um uns herum nicht gerade viel Ermutigung, sondern hörten vielmehr warnende Stimmen: „Damit übernehmt ihr euch doch bloß. Das kann doch nicht gut gehen!" Oder dieser absolut „ermutigende" Spruch: „Kleine Kinder kleine Sorgen, große Kinder große Sorgen." Na danke, das tat uns gut.

Zwei existentiell wichtige Fragen trieben uns um: „Wo holen wir nur die ganze Liebe, Geduld und Kraft her, die die sechs Kleinen so nötig brauchen?" und „Wie können wir richtig mit ihnen umgehen? Was ist der angemessene Erziehungsstil?"

Ich gestehe gleich zu Beginn dieses Buches ein, dass ich nicht als „Heldin" auftrete. Auch Eberhard und ich haben dicke Fehler gemacht – besonders, was unseren Energiehaushalt betraf, und es erst bemerkt, als es schon zu spät war. Hätte ich damals doch nur eine mütterliche Freundin gehabt, die mir all das gesagt hätte, was ich mir erst mühsam erarbeiten musste und dir jetzt mitteilen kann!

Ein Ausspruch von James Dobson[4] brachte mich auf die richtige Fährte: „Elternsein ist wie ein Marathon, und wir müssen so laufen, dass wir zwei oder sogar drei Jahrzehnte Schritt halten können."

„Das ist es!", ging es mir spontan durch den Kopf. „Kräfte einteilen und die Puste behalten, die Zuversicht nicht verlieren, nicht nur das mühsame Heute sehen, sondern auch die Zukunft in zehn oder zwanzig Jahren."

---

[4] James Dobson ist ein bekannter amerikanischer Familienberater und Autor.

Wie viele Mütter schnellen beim ersten Kind wie zum Sprint aus den Startlöchern! Sie geben alles, was sie haben und sind nach den ersten Familienjahren bereits völlig ausgebrannt.

„Und du hast es auch nicht besser gemacht", musste ich mir nach einigen Familienjahren eingestehen. „Aber jetzt, wo du gerade Halbzeit in deinem Familienleben hast, ist es noch nicht zu spät, die Fehler der Vergangenheit auszuwerten und ein „Durchhalte-Training zu beginnen", tröstete ich mich.

Wenn ich an die Beziehung zu Eberhard und zu den Kindern denke, habe ich mir wenig vorzuwerfen. Von Beginn an haben wir darauf geachtet, dass unsere Ehebeziehung nicht zu kurz kommt. Trotz der großen Kinderzahl haben wir einfallsreich immer wieder Zeit zu zweit gefunden, um Freundschaft, Romantik und Erotik zu pflegen. Und auch mit den Kindern gestalteten wir kernige Familienzeiten, stets offen für ihre individuellen Anliegen.

Aber was mich persönlich betraf, habe ich Raubbau betrieben. Ohne viel nachzudenken, ging ich davon aus, dass meine jugendliche Kraft wohl nie nachlassen würde – und das, obwohl die Verantwortung von Jahr zu Jahr größer wurde und die Anspannung wuchs.

Jede Schwangerschaft, jede Zeit des Stillens und nicht zuletzt die vielen kurzen Nächte zehren an einer Frau, selbst wenn man den Abstand zwischen den Geburten auf etwa drei Jahre plant, wie ich es klugerweise tat. Und dann kommt eins zum anderen. Man steckt das alles einige Zeit weg, bis das Fass überläuft...

Bei mir war es nach der Entbindung des fünften Kindes so weit (zusammen mit den angenommenen waren es schließlich schon das elfte). Auf einmal flimmerte es mir vor Augen, ich sah Lichtstreifen. „Du bist wohl nervös und übermüdet", sagte ich mir. Erst als meine Sehschärfe rapide abnahm, ging ich zum Augenarzt. Er stellte eine fortgeschrittene Netzhautablösung fest und wies mich sofort in die Klinik ein. Da lag ich nun von einem Moment auf den anderen mit zwei Augenklappen in totaler Finsternis und drohte zu erblinden. Das ist ein Gefühl!

Vor allem: Was macht man so schnell mit einem sechs Wochen alten Baby, das voll gestillt wird? Nicht nur, dass Mirke ihre gewohnte Nahrung wollte, ich drohte „überzulaufen". So schleppte Eberhard die Kleine alle vier Stunden zum Trinken in die Klinik und besorgte ein Ungetüm von Milchpumpe, dass du vielleicht auch kennst. Vor der Operation sollte so viel Milch abgepumpt werden, dass das Baby versorgt werden konnte, bis meine Milch nach der Narkose wieder „entseucht" war. Hilflos standen die Schwestern vor der „Melkmaschine" und waren froh, dass Eberhard ihnen diese Arbeit abnahm.

Jahre zuvor lag mein Bruder wegen der gleichen Sache wochenlang mit abgedeckten Augen in der Klinik. Jetzt bekam ich es mit der Angst zu tun. Wie sollte ich das nur aushalten? Wie würde meine Familie ohne mich zurechtkommen? Aber dank einer neuen Operationsmethode lag ich nur einige Tage dort und durfte dann nach Hause, weil mein Augenarzt die Verantwortung übernahm, mich weiterhin zu Hause zu betreuen.

Das war wieder eine Situation, von der ich meinte, sie einfach „wegstecken" zu können. Hatte ich es doch gemeistert, die Sache in wenigen Tagen abzuhaken! Aber jetzt traten andere Symptome auf – Kopfschmerzen, Verspannungen, die sich wie Lähmungen auswirkten – selbst nachts konnte ich mich nicht entspannen und blieb stundenlang wach. Dazu kamen Ängste, die mich so zusammen schnürten, dass ich mich kaum zum Arbeiten aufraffen konnte, und ständig dieses Stechen im Kopf.

Voller Panik rannte ich von einem Arzt zum anderen. Keiner fand die Ursache heraus. Alle meinten, ich sei organisch gesund. Ich kam mir vor wie eine Idiotin. Damit schleppte ich mich knapp zwei

Jahre lang herum. Er später habe ich herausgefunden und akzeptiert, dass es eine typische Erschöpfungsdepression[5] war.

Eberhard war über meinen Zustand fürchterlich erschrocken, sorgte und betete für mich, so dass ihm kaum noch Zeit für anderes blieb. Später gestand er mir ein, dass er sich schon darauf eingestellt hatte, für immer eine „kranke" Frau zu pflegen.

Als ich da wieder heraus war, war ich in Hab–Acht–Stellung und sorgte dafür, weniger angespannt zu leben.

Ich hatte eine Haushaltshilfe und streikte so manches Mal, wenn Eberhard mich zu sehr in seinen Vortragsdienst einspannen wollte. Aber dafür meinte er, mit Volldampf weiterhin allem gerecht werden zu können. Er kümmerte sich rührend um mich, war stets für jedes Kind da und seine Seminartätigkeit und sein Bücherschreiben wurden immer umfangreicher. Pausenlos „jettete" er in Deutschland und Europa herum, kam zu Hause wegen der großen, lebhaften Kinderschar kaum zur Ruhe… mir wurde unheimlich.

Aber sag so etwas mal einem lebensprühenden, glücklichen und erfolgreichen Mann. Eberhard lachte nur.

Gerade mal 42 Jahre alt, lag er einige Zeit später mit einem schweren Herzinfarkt im Krankenhaus. Gestern noch fröhlich auf einem Seminar und heute wie ein gefällter Baum reglos zwischen weißen Laken. Drei Tage lang kämpften die Ärzte um sein Leben. Ich stand neben seinem Bett und schrie zum Herrn: „Wie soll das nur weitergehen?" Ein Jahr lang musste er Pause machen, bevor er seine Aufgaben außerhalb der Familie langsam wieder aufnehmen konnte.

---

[5] Vielleicht war es auch eine verspätete Wochenbett-Depression. Zu Wochenbett-Depressionen kannst du in meinem Buch auf S. 30 nachlesen: Claudia Mühlan, Bleib ruhig, Mama! Tipps für die ersten drei Jahre. www.muehlan-mediendienst.de

Das Strickmuster zum Ausbrennen

Jetzt verstehst du sicherlich besser, warum ich so alarmiert bin, wenn ich Erschöpfungszustände beobachte. Oftmals bemerkt man sie nicht selbst, sondern braucht einen Anstoß von anderen.

Nach meinen schmerzhaften Erfahrungen habe ich versucht, mich durch Fachbücher schlau zu machen und konnte darin das „Strickmuster" meines Ausbrennens glasklar nachvollziehen. Hätte ich sie doch vorher gelesen! Ob ich mich danach gerichtet hätte, ist natürlich eine andere Frage.

So las ich: „Die wissenschaftliche Forschung hat ergeben, dass 85 % aller schweren Depressionen durch Lebensbelastungen ausgelöst werden... Viele Menschen sind in der Lage, mit ihren Problemen fertig zu werden und Depressionen von sich fernzuhalten, bis eine außergewöhnliche Belastung als Auslöser eintritt und sie aus der Bahn wirft."

Genau so war's bei mir. Ich steckte eine Herausforderung nach der anderen weg und merkte nicht, wie meine Lebensenergie dabei aufgebraucht wurde, bis ich schließlich durch die außergewöhnliche Belastung der Augenoperation aus der Bahn geworfen wurde.

Genau dieses Schema sehe ich bei vielen Müttern wirken. Frauen, denen zu viel aufgeladen wird oder die sich selbst zu viel vornehmen.

Was sagte neulich eine jung verheiratete Frau?

„Also, in diesem Jahr bekomme ich mein erstes Baby, mein Mann macht seine Ausbildung zu Ende und außerdem wollen wir ein Haus bauen."

Werden die beiden jungen Leute das bewältigen? Prüfungsstress, eine erste, ungewohnte Schwangerschaft, jedes Wochenende auf der Baustelle... Ganz robuste Naturen stecken das eine Weile weg. Aber was ist, wenn sich Komplikationen ergeben: Er schafft die Prüfung nicht und muss sie wiederholen? Die Schwangerschaft erweist sich als schwierig, und das neugeborene Baby macht die Nacht zum Tag? Der Bau verzögert sich, weil das Wetter nicht mitspielt oder die Handwerker schlampen?

Unzählige Familien leben gezwungenermaßen oder selbst erwählt ständig an der Erschöpfungsgrenze. Die einen überfordert es, in der Babyphase Berufstätigkeit und Muttersein unter einen Hut zu bekommen. Die anderen geraten in Stress, weil sie den Tag mit Ballast voll stopfen und weder diszipliniert leben noch sich die Zeit einteilen können. Andere leiden unter außergewöhnlichen Belastungen: Ehekrisen, eine ungewollte Schwangerschaft, die Pflege von kranken Kindern oder Verwandten, zu viel Arbeit, Arbeitslosigkeit...

Mich hat der Jahresbericht der Krankenkasse DAK für das Jahr 2012 erschreckt, der aufdeckte, dass Krankschreibungen wegen psychischer Krankheiten massiv zugenommen haben. „2000 bis 2012 nahm die Zahl an Fehltagen in Niedersachsen aufgrund psychischer Erkrankungen um ganze 83 Prozent zu - im Vergleich zu anderen Krankheiten eine beispiellose Entwicklung.[6]" Der leitende Direktor des AWO-Psychiatriezentrums Königslutter kommentiert dazu: „Der Anteil an Frauen im Berufsleben hat zugenommen - und Frauen leiden häufiger an psychischen Erkrankungen, etwa Depressionen, als Männern.[7]"

Manche unerwarteten Herausforderungen können nicht einfach abgeschüttelt werden. Da muss man durch! Für andere mag es Lösungswege geben – wenn man nur wüsste, welche?

Wo stehst du? Wie lebst du?

---

[6] DAK-Gesundheitsbericht, E-Mail: service713000@dak.de.

[7] Braunschweiger Zeitung, 13.09.2013.

Ausgeglichen und lebensbejahend? Machen sich bei dir vielleicht schon die ersten Erschöpfungsanzeichen wie Mutlosigkeit, Kopfschmerzen und ständige Müdigkeit bemerkbar? Oder bist du gar einige Schritte weiter und hältst dich mit Tabletten oder Alkohol über Wasser? Ziehe Bilanz! Erkenne Fehler und erlerne eine klügere Lebensstrategie! Nicht nur du brauchst das, auch deine Familie hat es nötig! Erschöpfungszustände wirken sich nämlich katastrophal auf die Beziehung zum Ehepartner und zu den Kindern aus. Unter Stress ist man eher ungerecht und unbeherrscht, als wenn man einigermaßen ausgeglichen ist.

Ein untrüglicher Gradmesser für das Ausmaß deines Ausgebranntseins ist in meinen Augen deine Haltung zu deinen Kindern und dein Umgang mit ihnen. Sind Sie dir oft lästig? Wünschst du sie dir häufig weit weg, nur um ein bisschen Ruhe zu haben?

Wenn du ausgeglichen und lebensbejahend bist, hast du mehr Freude an ihnen, kannst sie freigeben und auch mit Ungezogenheiten gelassener umgehen. Aber wehe, du bist schlecht drauf – dann fauchst du sie an und hast ewig etwas zu meckern. Oder rutscht dir dann sogar die Hand aus?

Wenn in einer Familie häufig gegängelt, genörgelt, geschimpft und gestritten wird, ist mindestens einer im Familienverband – wenn nicht mehrere – überfordert und erschöpft. Dann braucht man eine Strategie, um wieder zu Kräften zu kommen und in der Familie Frieden zu schaffen.

Lass es mich noch einmal so zusammenfassen:

- Deine Lebensenergie ist eine kostbare Reserve, die du nicht einfach verschleudern darfst.

- Jeder hat ein anderes Energiemaß, deswegen darfst du dich nicht mit anderen vergleichen.

- Du hast auch nicht endlose Reserven; sie müssen eingeteilt und immer wieder aufgefrischt werden.

- Denn immer dann, wenn du mehr Lebensenergie verbrauchst als du auffüllen kannst, beginnst du auszubrennen.

Diese Thesen solltest du für deine Lebenssituation durch buchstabieren. Ich hab sie mir immer wieder vor Augen gehalten: „Claudia, die Kraft, die Gott dir mitgegeben hat, ist eine kostbare Reserve. Gehe sorgfältig damit um und frische sie immer wieder auf. Schließlich willst du auch noch in zwanzig Jahren fit sein."

Wenn ich in den nächsten Kapiteln auf Tipps für größere Ausgeglichenheit und Belastbarkeit eingehe, werde ich immer wieder auf diese Punkte zurückkommen.

Belastbarer werden

Sag, wie schaffst du das?

Am häufigsten wurde mir in meinem Leben die folgende Frage gestellt: „Claudia, wie schaffst du das? Wie bewältigt man den Alltag mit so vielen Kindern?" Manche füge noch hinzu: „... Und sieht dabei noch so gut aus?"

Früher wusste ich nicht so genau, was ich darauf antworten sollte. Inzwischen konnte ich mir viele Gedanken darüber machen. Immerhin kann ich inzwischen endlose Familienjahre auswerten. Damit du kein falsches Bild bekommst: Trotz der Krisen, die ich gerade geschildert habe (und noch einiger anderer), war es eine großartige Zeit. Wenn ich die Jahre zurückdrehen könnte, würde ich wieder eine so große Familie haben wollen.

Nimm`s mir nicht übel: Ohne ein gewisses Maß an Ausgeglichenheit, Flexibilität und Disziplin ist es nicht möglich, viel Verantwortung zu tragen – weder im Beruf noch im Familienleben. Bei diesen Begriffen, die für ein erfolgreiches Berufsleben selbstverständlich sind, bekommen manche Mütter allerdings große Augen.

Dazu muss wachsende Belastbarkeit kommen! Das ist auf Seminaren eins meiner Lieblingsthemen. Neulich hatte eine meiner Zuhörerinnen am Ende eines Vortrages eine Erleuchtung: „Ich habe unter Belastbarkeit bisher verstanden, dass man mit noch weniger

Schlaf noch mehr leistet. Du meinst damit ja etwas ganz anderes, nämlich, dass man seine Zeit und Kraft so einteilt, dass man über Jahrzehnte fit und ausgeglichen bleibt. Also, nicht immer nur schaffen und schaffen, sondern auch mal entspannen und das Leben genießen?"

„Richtig so, gut zugehört", schmunzelte ich.

Was empfindest und denkst du bei dem Begriff „Belastbarkeit"?

„Hör bloß auf damit! Ich bin mein ganzes Leben auf Leistung getrimmt worden. Ich will nicht noch mehr unter Druck kommen."

„Hoffentlich bekommt mein Mann dieses Buch nicht in die Hände. Sonst gibt er mir laufend gute Ratschläge."

Oder: „Es frustriert mich maßlos, wenn ich höre, was andere schaffen. Ich könnte mich dann verkriechen."

Lege bitte einmal alle Vorurteile und alle Vergleiche, die sich dir aufdrängen, ab. „Belastbar sein" heißt nicht, das Arbeitstempo zu verdoppeln oder das Dreifache in der gleichen Zeit zu erreichen. Es heißt vor allem,

- dass du deine Arbeit freudig und gelassen tun kannst,

- dass dich unvorhergesehene Situationen nicht aus der Bahn werfen,

- dass sich andere gern in deiner Nähe aufhalten,

- dass du zuversichtlich bleiben kannst,

- dass du weißt, wie du entspannen kannst,

- und, wie ich schon sagte, dass du deine Zeit und Kraft so einzuteilen lernst, dass du über Jahrzehnte fit und ausgeglichen bleibst.

Belastbarkeit ist allerdings ein Wachstumsprozess. Sie kommt nicht einfach über Nacht und auch nicht von selbst. Man muss sie als Ziel vor Augen haben und kleine Schritte befolgen, damit sie zunehmen kann.

Denke nur nicht, dass ausgerechnet mir Belastbarkeit als „Bonus" von Gott mit den ersten Kindern in den Schoß gelegt worden ist. Auch ich musste sie mir Schritt für Schritt aneignen. Das zum Trost für die, die sich wie Versagerinnen vorkommen!

Eberhard ist zum Beispiel der Glückliche, auf den Kinder fliegen und der schon immer gut mit ihnen umgehen konnte. Ich bin von Natur aus kein „mütterlicher Typ", was mich in der Anfangszeit ganz schön neidisch gemacht hat. Wer mich kennt, weiß, dass ich eher sachlich und verschlossen bin und dass es eine Weile dauert, bis ich auftaue.

Also, Umgang mit Kindern, das musste ich erst lernen! Aber ziemlich plötzlich, denn ich wurde gleich mit sechs auf einen Schlag gesegnet. Wie gibt man bloß jedem einzelnen seine Portion Liebe? Wie geht man mit den Zankereien um? Was kocht man für so eine Meute? Wie organisiert man einen großen Haushalt?

Zuerst gab es Chaos! Dann war da Eberhard mit seinen guten Ratschlägen und seiner tatkräftigen Hilfe. Und wenn man einen kühlen Kopf bewahrt, kann man das alles mit der Zeit lernen und schließlich wie ein Fels in der Brandung stehen. Schlussendlich macht es sogar Spaß!

Nicht die „Alte" bleiben

Gott erwartet von uns, dass wir nicht die Alten bleiben, sondern verändert werden – seiner Wesensart immer ähnlicher werden! Das ist ein ganz schön hoher Anspruch, findest du nicht auch?

„In Jesus sollt ihr den alten Menschen, also die alte Lebensweise, ablegen… Und ihr sollt euch in eurem Geist und Sinn erneuern lassen. Das könnt ihr, weil ihr den neuen Menschen angezogen habt, der in Gerechtigkeit und Heiligkeit erschaffen ist." (Epheser 4,22-24, das buch).

Ich weiß nicht, was du empfindest, wenn du so einen Bibelvers liest. Ich fühle mich herausgefordert: Mit Gottes Hilfe ist es also möglich, alte, eingefahrene Verhaltensmuster abzulegen und anders zu werden – einen neuen Menschen „anzuziehen"! Ist das nicht auch deine Sehnsucht?

Zu einem Leben in „Gerechtigkeit und Heiligkeit" zähle ich unter anderem, dass ich mich nicht ständig von den Umständen unterkriegen lasse, sondern ausgeglichen bin und über ihnen stehen kann. Auch, dass andere etwas von der „Frucht des Geistes" in meinem Leben spüren, denn sie kennzeichnet das Leben eines belastbaren Menschen.

Kennst du sie? *„Die Frucht des Geistes aber ist: Liebe, Freude, Friede, Geduld, Freundlichkeit, Güte, Treue, Sanftmut, Selbstbeherrschung."* (Galater 5,22).

Beziehe diese neun Begriffe einmal auf dein Familienleben, sagen wir Montagmorgen um sieben: „Liebe, Freude, Friede…", wenn du unausgeschlafen mit dröhnendem Kopf, umgeben von maulenden Kindern und einem wortkargen Ehemann, am Frühstückstisch sitzt.

Sogar in einer so unmöglichen Situation geduldig zu bleiben und nette Worte zu finden, gehört mit zu den Zielen meines Lebens.

„Unmöglich", stöhnen Scharen von Müttern, „Claudia, du erwartest zu viel!"

Hör mal, dies ist nicht etwas, das ich erwarte. Es ist ganz einfach der Lebensstil eines gereiften Christen, wie ihn die Bibel beschreibt. Ich behaupte auch nicht, dass ich es jeden Tag schaffe, aber mit den Jahren habe ich doch bemerkenswerte Fortschritte gemacht. Das kannst du auch!

Für die ganz Ungeduldigen zu Erinnerung: Es ist ein Wachstumsprozess! Jede Frucht, auch die „Frucht des Geistes", braucht Zeit, um zu reifen und sich zu entfalten. Lege bloß nicht mutlos die Hände in den Schoß, sondern nimm dir vor, darin zu wachsen und die notwendigen Schritte zu gehen.

Um belastbarer zu werden, müssen auf jeden Fall zwei Voraussetzungen erfüllt werden. Ich meine damit zwei Haltungen oder Einstellungen, die allmählich zu einer guten Gewohnheit werden. Falsche Haltungen können ein Leben zerstören, gute dagegen können es belastbarer machen.

Hier sind sie:

1. Akzeptiere die Umstände, in denen du lebst!
2. Akzeptiere dich selbst mit deinem Typ!

Wenn ich Müttern begegne, denen offensichtlich alles zu viel ist und die nicht belastbar sind, zeigen sie zumindest einige der folgenden Verhaltensweisen:

- Sie sind unzufrieden mit sich und den Umständen.

- Ihnen ist alles zu viel.

- Sie trauen sich wenig zu.

- Sie sind schnell nervös und körperlich erschöpft. Sie sind ängstlich und machen sich viele Sorgen.

- Häufig sind sie unorganisiert und haben eine schlechte Zeitplanung.

- Sie beneiden andere, die erfolgreich leben.

Treffen einige Punkte auf dich zu? Dann hast du wahrscheinlich deine Umstände nicht angenommen und dich selbst nicht akzeptiert.

Akzeptiere die Umstände, in denen du lebst!

Das Leben einer Mutter kann hektisch und voller böser Überraschungen sein. Endlich hast du einmal die Zeit gefunden, die grau verschleierten Fenster zu putzen und hangelst unter der Gardinenstange, da quetscht sich dein Kleiner den Fingernagel. Also, runter von der Leiter, Schürze ab, die Haare schnell zurechtgerauft und ab zum Arzt.

Wenn wir nicht lernen, flexibel zu sein und täglich tapfer mit den Umständen zu jonglieren, sind wir arm dran.

Meine letzten drei Schwangerschaften waren echt schwer. Um das Baby nicht zu verlieren, musste ich mich zwei bis drei Monate möglichst ruhig verhalten. Da thronte ich Tag für Tag auf dem Sofa und gab der Haushaltshilfe, die glücklicherweise von der Krankenkasse bezahlt wurde, meine Anweisungen. Was zuckte es mir in den Gliedern, selbst zuzupacken, aber ich wusste, wenn ich jetzt herumlaufe, verliere ich mein Kind. So eine Situation anzunehmen, ist unendlich schwer!

Der Preis für die viele Babyschlepperei ist mein kaputter Rücken. Schwere Sachen darf ich gar nicht mehr heben. Wie soll eine Mutter sich daran halten können?

Oder ich denke an die Zeit, in der unsere Freunde, mit denen wir sieben Jahre lang unser Haus geteilt hatten, auf die Suche nach einer eigenen Bleibe gehen mussten. Das nächste Baby hatte sich bei uns angemeldet, die Kinderzahl war ohnehin schon auf neun gewachsen, und es wurde einfach zu eng. Nahezu ein Jahr lang mussten sie suchen, bis sie etwas Passendes fanden. Diese Zeit mit einem Neugeborenen und neun quicklebendigen Rangen zu überbrücken, war eine Tortur. Eberhard und ich schliefen im Wohnzimmer, die Älteren stopften wir in einen ausgebauten Kellerraum... Wie sollte man da noch den Überblick behalten?

In diesen schweren Zeiten hat mich der Apostel Paulus sehr beeindruckt. Er hatte zwar keine Familie, aber dafür seine eigenen Herausforderungen. *„Wer wird uns trennen von der Liebe Christi? Bedrängnis oder Angst machende Enge, Verfolgung oder Hungersnot, Nacktheit oder Gefahr oder das Schwert? ...in all diesen Dingen sind wir mehr als überragende Sieger durch Gott, der uns seine Liebe geschenkt hat."* (Römer 8,35+37, das buch).

Also, im Vergleich zu Verfolgung und Hunger sind wilde Kinder und Platzmangel leichter zu ertragen; selbst Rückenschmerzen im Vergleich zu Todesgefahr! Wenn Paulus trotz allem an der Liebe Christi festhalten konnte und erlebte, wie diese Liebesbeziehung ihn zum Überwinder machte, dann möchte ich das auch!

Die Dimension eines befreiten christlichen Lebensstils ist mir beim Lesen des Philipperbriefes aufgegangen, besonders dort, wo Paulus, den ich nun schon ganz gut kannte, von sich sagt: *"Denn ich habe längst gelernt, mit der Situation zurechtzukommen, in der ich mich befinde. Ich kann ganz bescheiden leben, ich kann aber auch den Überfluss annehmen. In jeder Lage, ja, in allen Umständen kann ich mich zurechtfinden. Sattsein oder Hungern, im Überfluss leben oder Mangel erleiden. Ich bin zu allem fähig durch den, der in mir mit seiner Kraft wirkt."* (Philipper 4,11-13, das buch)

„Also, das ist Lebensstil!", staunte ich. „Die Höhen und Tiefen eines bewegten Lebens zu akzeptieren und mit dem zufrieden zu sein, worin man sich gerade befindet. Mit weniger möchte ich mich auch nicht abfinden!"

Ein Trost war, dass selbst Paulus dies lernen musste und zwischendurch sicherlich auch Niederlagen kannte. Aber die Liebesbeziehung zu Jesus gab ihm die Kraft, durchzuhalten und immer mehr an diesen Punkt zu kommen.

Wenn du mich nach meinen größten Idealen fragst, gehört der Ausspruch „Ich habe gelernt, mit der Situation zurechtzukommen, in der ich mich befinde" dazu – und das schon seit vielen Jahren! Ich merke, wie dies immer mehr zu meiner eigenen Haltung wird.

Die Lebensumstände akzeptieren, in denen man heute lebt! Was mag das für dich bedeuten?

Vielleicht, dass du deinen Ehepartner akzeptierst – mit seinen Stärken und Schwächen –, so wie er eben ist?

Oder dein Alleinsein?

Die Zahl deiner Kinder, selbst wenn sich noch eins ungeplant anmeldet oder du trotz aller Sehnsucht keins mehr bekommst?

Das Temperament der Kinder – auch wenn eins ganz anders ist, als du es dir vorgestellt hast?

Oder die Wohnung, den Beruf, das Einkommen...

Wenn du zu deiner Situation Ja sagst, heißt das nicht, dass du davor kapituliert oder ihr gegenüber gleichgültig wirst. Es bedeutet vielmehr, dass du endlich aufhörst, ständig unzufrieden zu sein, dich neidisch mit anderen zu vergleichen oder gar untätig von besseren Zeiten zu träumen.

Verstehst du, worauf ich hinaus möchte?

Wenn du aufhörst zu murren und deine Situation annimmst, legst du die Grundlage, dass Gott eingreifen und die Umstände ändern kann. Man kann das Ergebnis auch „Wunder" nennen. So habe ich das häufig erlebt.

Wie oft habe ich gebetet: „Herr, so sieht es bei mir aus. Du kennst diesen Umstand, der mir so sehr zu schaffen macht. Ich will nicht aufmucken, sondern ihn akzeptieren. Nimm du die Situation in die Hand und sage mir, was ich tun soll."

Magst du für dich ein ähnliches Gebet formulieren?

Akzeptiere dich selbst!

Jetzt geht es um dich, deine Stärken und Schwächen. Salopp gesagt, um deinen Typ.

Es gibt Menschen mit einem „dicken Fell", die nichts so schnell aus der Ruhe bringen kann. Es gibt aber auch die ängstlichen Typen, die kontaktfreudigen, die menschenscheuen…

Ich habe schon gesagt, dass ich von Natur aus keine sehr warmherzige Frau bin, eher sachlich und kontaktscheu. Das habe ich früher als Mangel angesehen. Neben Eberhard, dem es nicht schwer fiel, auf Menschen zuzugehen, kam ich mir ganz „klein" vor. Heute weiß ich, dass hinter jeder Schwäche, die man zu haben meint, auch eine Stärke stehen kann: Ich trage zum Beispiel „das Herz nicht auf der Zunge", kann verschwiegen sein und gut zuhören. Ich bin auch selten extremen Stimmungsschwankungen unterworfen und kann so der ruhende Pol in unserer Familie sein. Wenn du über dich nachdenkst, bist du vielleicht auch eher geneigt, zuerst deine Schwächen aufzulisten. Nun gut, die soll man nicht leugnen, aber mache dir bitte auch deine Stärken bewusst und freue dich über sie.

Sich selbst anzunehmen hat etwas mit dem eigenen Selbstwertgefühl zu tun.

Bei mir ist diese gesunde Sicht gewachsen, indem ich mich stark damit beschäftigte, wie Gott über mich denkt, und indem ich mir Menschen als Vorbild nahm, die es verstanden, mich zu ermutigen, aber auch aufrichtig zu kritisieren. Je sicherer du weißt, dass das, was du tust, richtig ist und so ein gutes Gewissen behältst, desto freier und zuversichtlicher kannst du leben.

Arbeite für dich einmal folgende Gedanken durch; sie werden dir helfen, dein positives Selbstbild zu stärken:

- Achte mehr auf das, was Gott über dich denkt und nicht so sehr darauf, was andere von dir denken. Studiere einmal folgende Bibelstellen: Jesaja 51,12-13; Psalm 34,1-6.

- Erneuere deinen Sinn, indem du dich täglich mit der Bibel befasst (Matthäus 4,4; Hebräer 4,12; Römer 8,1-2 und 35-37)!

- Lass dich nicht von negativen Gefühlen überwältigen (1. Johannes 3,19-21)!

- Entwickle einige enge Freundschaften, die dich aufbauen!

- Lerne, zu dir selbst, zu anderen und zu Gott offen zu sein!

- Analysiere mit einer Vertrauensperson deine negativen Neigungen (Sorgen, Wutausbrüche, Kritik) und arbeite daran, sie auszumerzen (Psalm 26,2)!

- Suche nach Aufgaben, die dir Freude machen und in denen du Erfolg hast!

Was ich noch ansprechen muss, ist dein Körperhaushalt. Wie ich schon betont habe: Du hast keinen unerschöpflichen Vorrat an Energie! Denke zurück an die Punkte über das „Ausbrennen", die ich auf Seite 26 bereits zitiert habe. Auch das musst du akzeptieren!

Es gibt Frauen, die sich ständig an der Leistung anderer messen und meinen, genauso viel leisten zu können, obwohl ihr Durchhaltevermögen und ihr allgemeiner Gesundheitszustand ganz anders sind.

Ich hatte einmal eine ältere Freundin, die tatsächlich mit fünf Stunden Schlaf auskam und dabei fröhlich und ausgeglichen blieb. Das habe ich auch versucht – und bin fürchterlich auf die Nase gefallen.

So mag es Frauen geben, die mich vielleicht als Vorbild nehmen, was die Anzahl der Kinder betrifft oder mein Arbeitsstil. Bei manchen sage ich: „Vorsicht, wenn es dir jetzt schon schwer fällt die Nerven zu behalten, dann bleibe lieber bei einer kleineren Kinderzahl…"

Es kann wehtun, an seine eigenen Energiegrenzen zu kommen und festzustellen, dass man weniger belastbar ist als andere. Na klar, du kannst noch ein ganzes Stück lernen und wachsen, aber du musst auch deine biologisch vorgegebenen Grenzen erkennen und akzeptieren.

Da gibt es in meinen Augen noch zwei weitere Gründe, die dich von größerer Belastbarkeit und Ausgeglichenheit abhalten können: Einmal eine gewisse Unwissenheit und Unsicherheit im Umgang mit deinen Kindern und dann noch all die psychischen Defizite und Verletzungen, die du von deiner eigenen Vergangenheit wie ein belastendes Reisegepäck mit dir herumschleppst. Und genau die halten dich davon ab, so zu empfinden und zu reagieren, wie du es dir eigentlich wünschst. Du leidest unter deinen eigenen Persönlichkeitsschwächen, das heißt, die eigene Problematik saugt alle deine Kräfte auf.

Diese Unwissenheit und Unfähigkeit ist eine verhängnisvolle Kombination!

Sicherheit und Souveränität in der Erziehung!

Zum Glück kann man den ersten Punkt – die Unwissenheit in der Erziehung - leichter in Angriff nehmen als seelische Verletzungen und Persönlichkeitsschwächen. Tragischer Weise richtet jedoch die Unwissenheit genauso viel Schaden an, und ich finde, dass müsste nicht unbedingt sein.

Wenn ich die Beratungsgespräche der letzten Jahre Revue passieren lasse, so sind es letztlich immer wieder die gleichen Fragen, die mir gestellt werden, zum Beispiel: Was tue ich bei Babyneid? Bei Eifersucht unter Geschwistern? Mein Kind will nicht schlafen! Mein Kind will nicht gehorchen. Mein Kind hat Wutanfälle. Sollten Kinder im Haushalt mithelfen? Aufräumen ab welchem Alter? Wann und wie soll ich Grenzen setzen und und und ...

Es sind immer wieder die gleichen Fragen, die Eltern beschäftigen, denn Kindern fällt von Generation zu Generation auch nicht so viel Neues ein, wie sie ihren Eltern das Leben schwer machen können. Und darauf können sich Eltern nun wirklich vorbereiten und sich informieren. Ist es nicht so, dass jedes älteste Kind irgendwie das Versuchskaninchen ist, an dem die Elternschaft zunächst einmal geübt wird? Ich weiß wovon ich rede, ich bin selbst eine Älteste! Die Freundin unserer siebzehnjährigen Tochter, auch eine Älteste in ihrer Familie, sagte einmal ganz bezeichnend: „Ich finde das so ungerecht. Meine jüngeren Brüder dürfen alles zwei Jahre früher als ich es durfte!"

Eberhard und mir ist es als junge Eltern leider auch nicht viel besser gelungen. Die jüngsten fünf Kinder hatten es wesentlich leichter als ihre älteren Geschwister. Sie profitierten einfach von den Erfahrungen, die wir mit der ersten Kindergeneration gemacht hatten. Das tut mir heute sehr Leid. Aus Unerfahrenheit waren wir mit den ersten Kindern einfach zu eng und zu streng. Wir wussten zu wenig darüber, wie man das Selbstwertgefühl des einzelnen Kindes gezielt stärkt und einfühlsam mit ihren Gefühlen umgeht. So ist es nun einmal mit jungen Eltern. Aber muss das immer so sein? Können Eltern nicht mehr voneinander lernen?

Neulich sprach mich eine junge Mutter nach einem Seminar an. Sie war total aufgelöst und kämpfte mit den Tränen. Zwei kleine Kinder hatte sie, ein Baby und einen zwei Jahre alten Jungen. „Ach, Claudia", sprudelte es aus ihr, „Ich bin fix und alle. Mein Großer, der bringt mich jeden Tag bis ans Ende meiner Kräfte. Ich weiß nicht mehr ein noch aus."

Ich fragte sie daraufhin: „Sag mal, was tust du denn dann eigentlich?"

„Nun, ich bete, und der ganze Hauskreis betet seit Wochen für mich. Alle beten sie für mich. Aber es ändert sich nichts."

Das wollte ich eigentlich nicht hören. Ich wollte wissen, wie sie mit ihrem Jungen umgeht. Man sagt manchen Christen ja nach, dass sie die schnelle Lösung im Gebet suchen. Doch ich ließ sie erst einmal ausreden und fragte schließlich: „Sag mal, wie gehst du den konkret mit Klein-Johannes um? Was erwartest du von ihm?"

Und dann hörte ich heraus, dass sie ihren zweijährigen Jungen tagtäglich überforderte. Er musste alleine spielen, die Spielsachen in seinem Zimmer aufräumen, immer brav mit seiner kleinen Schwester teilen, ordentlich essen, im Gottesdienst stillsitzen ... Kein Wun-

der, dass dieser lebhafte Junge jeden Tag unwillig seinen Frust her-
ausschrie und seiner hilflosen Mutter einen Machtkampf nach dem
anderen lieferte. Aber ein Buch zur Kleinkinderziehung[8] hatte sie
noch nicht gelesen.

Oder ein anderes Beispiel: Eine unserer erwachsenen Töchter, ich
fühlte mich ein bisschen geehrt, fragte mich zur Trotzphase ihrer
kleinen Tochter. Sie wollte einfach wissen, ob sie es so richtig machte. Gut, ich habe ihr so einige Dinge gesagt und merkte dabei, dass
ich eigentlich aus unserem Familien-Handbuch[9] zitierte, so dass ich
es mir nicht verkneifen konnte zu sagen: „Mein liebes Mädchen,
schlag doch mal das Handbuch unter dem Stichwort Trotz auf. Da
findest du die richtigen Antworten."

Es gibt noch genügend Herausforderungen und Familienkonflik-
te auf die es wirklich keine einfachen Antworten gibt und bei denen
man nach Lösungen ringen muss. Aber Unwissenheit in den alltäglichen, immer wiederkehrenden Erziehungsfragen bringt unnötig viel
Stress in den Familienalltag, führt zu Machtkämpfen und verletzt
unsere Kinder. Das biblische Urteil dazu müssen wir uns gefallen
lassen, nämlich: *„Ihr Eltern, reizt eure Kinder nicht zum Zorn ..."* (Epheser 6,4).

Dabei lässt sich gerade der Unwissenheit sehr gut vorbeugen: Es
gibt Seminare, Audio-CDs, Bücher - von uns[10] und von vielen anderen Autoren. Die Fehler anderer Eltern musst du also nicht unbedingt wiederholen.

---

[8] Wie zum Beispiel Bleib ruhig, Mama! Tipps für die ersten drei Jahre.

[9] Mühlan, Das große Familien-Handbuch, Erziehungstipps für alle Entwicklungsphasen Ihres Kindes.

[10] Siehe www.muehlan-mediendienst.de.

Versöhnt leben mit der Vergangenheit!

Das ist nun ein herausforderndes und für manche ein notvolles Thema, das ich hier nur kurz anschneiden kann.[11] Aber für jeden gilt diese Lebensweisheit: Wer gelernt hat, versöhnt mit seiner Vergangenheit zu leben, kann die Gegenwart meistern und seine Zukunft gestalten!

Nie wolltest du deine Kinder anschreien, so wie es dein Vater oder deine Mutter immer gemacht haben. Nie wolltest du es mit Gleichgültigkeit oder Liebesentzug strafen. Und nie wolltest du es schütteln, zur Strafe unter die kalte Dusche stellen, es schlagen, oder was Eltern sonst auch immer tun, wenn ihnen die Nerven durchgehen. Nie! Doch jetzt tust du es trotzdem.

Immer wieder zeigt sich das gleiche Muster: In Stresssituationen oder bei Überforderungen reagieren Eltern häufig, wie sie es selbst in ihrer Kindheit erfahren haben – es sei denn, sie haben sich bewusst mit ihrer Vergangenheit auseinander gesetzt und Verletzungen oder Persönlichkeitsdefizite aufgearbeitet.

Seine eigenen Macken kennt man ja oftmals am besten. Ich konnte beziehungsweise kann manchmal recht temperamentvoll reagieren. So erinnere ich mich daran, als Teenager einmal meiner Mutter eine geklebt zu haben und auch Eberhard kam früher nicht immer ungeschoren davon. Als wir dann den quirligen Haufen mit den ersten sechs Kindern hatten, war es mein fester Vorsatz, sie weder anzuschreien noch im Affekt zu schlagen. Jedes hatte schon sein eigenes schweres Paket an seelischer Vernachlässigung und Misshand-

---

[11] Zur intensiven Beschäftigung mit diesem Thema, höre dir bitte mein Seminar "Wege zur Heilung von seelischen Verletzungen" an. Vortrag 2208, www.muehlan-mediendienst.de.

lung zu tragen. Da sollten sie nicht noch zusätzlich unter meinen Macken leiden.

Diesen Vorsatz habe ich dann vor Gott gebracht und ihn um Hilfe angefleht. Anschließend habe ich es auch Eberhard gestanden und ihn gebeten, immer dazwischen zu gehen, wenn mein Temperament doch einmal mit mir durchgehen sollte. Eine Zeit lang habe ich diesbezüglich täglich Bilanz gezogen. Und ich muss es mit Gottes Hilfe ganz gut in den Griff bekommen haben, denn einmal fragte mich eine meiner Töchter, die jetzt selbst zwei kleine Kinder hat, ganz beiläufig am Telefon: „Sag mal, Mama, hast du uns früher eigentlich oft angeschrien? Ich kann mich an fast nichts erinnern." Ein besseres Kompliment kann man kaum bekommen.

Vor einigen Jahren rief mich eine Mutter an und berichtete mir verzweifelt, ihre neunjährige Tochter mache ihr große Probleme. Seit einem Jahr esse sie fast nichts mehr, wachse aber noch und würde immer dünner. Ich fragte ein wenig nach, da ich das Problem Magersucht vermutete, das ich aus unserer eigenen Familie kannte, und fand heraus, dass es tatsächlich zutraf! Ich war total erschüttert, denn eine magersüchtige Neunjährige war mir bis dahin noch nicht begegnet.

Vorsichtig bohrte ich weiter: „Haben Sie irgendwelche Vermutungen diesbezüglich ...?"

Und da antwortet sie unumwunden: „Ja, natürlich kenne ich die Gründe. Ich habe meine Tochter einfach vernachlässigt, mir zu wenig Zeit für sie genommen, sie links liegen gelassen ... Was konnte ich auch tun? Mir ist mit der Zeit alles über den Kopf gewachsen. Ihre älteren Geschwister haben alle meine Kräfte absorbiert und dann kam noch das Baby."

Mich nehmen solche Schilderungen immer mit: So eine unglückliche, an sich verzweifelnde Mutter! So ein kleines Mädchen und schon so tiefe seelische Verletzungen!

Darauf gibt es keine einfachen Antworten! Zusätzlich zu den praktischen Hilfen und Erleichterungen, die diese Mutter unbedingt braucht, um wieder zu Kräften zu kommen, muss sie sich über die Ursachen von Magersucht schlau machen, fachliche Hilfe in Anspruch nehmen und dann an der Belastbarkeit ihrer eigenen Persönlichkeit arbeiten.

Eine der schwersten Situationen in unserem Familienleben war der sexuelle Missbrauch einer unserer kleinen Töchter von einem wesentlich älteren Pflegesohn[12]. Als ich das erfuhr, brach in mir neben aller Verzweiflung ein abgrundtiefer Hass gegen diesen Jungen auf. Ich weiß nicht, was ich getan hätte, wenn ich ihn zwischen die Finger bekommen hätte. Aber er war ja mittlerweile nicht mehr im Haus, und der Hass, der eigentlich ihn treffen sollte, der zerstörte mich! Als ich das erkannte, musste ich den mühevollen Weg gehen, diesen Hass an Gott abzugeben und in mir einen Prozess der Vergebungsbereitschaft zuzulassen. Das kann unendlich schwer sein! Nur gut, wenn man verständnisvolle Menschen um sich herum hat und immer wieder im Gebet bei Gott Zuflucht und Trost suchen kann.

Vergebung ist ein existentiell wichtiger Punkt! Wenn ich wirklich frei werden will, wenn ich mit meiner Vergangenheit Frieden schließen will, muss ich lernen zu vergeben. Bei der Vergebung geht es in aller erster Linie um mich. Den Täter überlasse ich Gott, und die Schuld des Täters bleibt so lange bestehen, bis er Gott selbst um Vergebung bittet. Ich habe an mir selbst erfahren, dass Vergebung oftmals ein Prozess ist. Allein das Wort auszusprechen, hilft noch nicht. Vergebung nimmt auch nicht immer gleich den Schmerz - aber er klingt ab. Vergebung nimmt auch nicht die Erinnerung - aber sie schmerzt nicht mehr so. Vergebung heißt auch nicht, dass ich

---

[12] Wir berichten davon in unserem Buch „Unser Abenteuer – Persönliche Einsichten aus mehr als 30 turbulenten Familienjahren", Menander Verlag, S. 89. www.muehlan-mediensdienst.de.

mich mit dem Täter versöhnen muss. Zur Versöhnung gehören immer zwei, das heißt, der Täter muss das Opfer um Vergebung bitten.

Kennst du diesen Spruch: „Ich komme da einfach nicht drüber hinweg?" Er beschrieb für eine ganze Zeit meinen Hass auf diesen Jungen. Wenn man einen solchen Satz sagt, dann fühlt man sich so, als würde etwas Bedrückendes auf dem eigenen Leben liegen! Stell dir mal eine Blumenwiese vor – nehmen wir eine Wiese voller Margeriten und Kornblumen - und darauf lässt jemand ein schweres Brett fallen. Was passiert an dieser Stelle? Da wächst einfach nichts mehr. Drum herum schon, aber nicht unter diesem Brett. So ähnlich ist es mit seelischen Verletzungen. Da muss erst jemand kommen und das Brett entfernen. Am besten ist, diese Last im Gebet zu Jesus zu bringen, den Prozess der Vergebung zu gehen und um Hilfe und Heilung zu beten.

Vielleicht noch ein weiterer Vergleich: Ich habe in der Vergangenheit sehr viel mit Rückenschmerzen zu tun gehabt. Immer wieder habe ich Gott diese Schmerzen gebracht und andere für mich beten lassen! Aber ich habe nur wenig Linderung erfahren. Bis eines Tages ein guter Chiropraktiker meinen Rücken einrenkte und mir regelmäßige Rückengymnastik verordnete. Doch sobald ich es mit den Übungen zu locker nahm, renkten sich meine Rückenwirbel wieder aus und die Prozedur begann von vorne: Einrenken und dann disziplinierte Rückengymnastik. Heute geht es mir, was meinen Rücken betrifft, besser als je zuvor.

Das möchte ich auch auf unser geistliches Leben übertragen: Wenn wir beten, ist Gott oftmals wie ein Chiropraktiker, der unsere verletzte Seele einrenkt. Und darauf muss dann die geistliche Gymnastik folgen, sprich: konsequente Nachfolge, Bibel lesen, regelmäßig beten, vielleicht auch weitere Seelsorge oder eine Therapie! Das übersehen dann manche und wundern sich, wenn sie trotz Gebet doch nicht so vorankommen, wie sie es sich vorgestellt haben oder nur kurzzeitig Erfolg verspüren.

Wie gehst du mit deinen Persönlichkeitsschwächen und den Verletzungen aus deiner Vergangenheit um? Nicht nur du leidest, auch deinen Ehepartner und deine Kinder trifft es schwer!

Bagatellisiere und ignoriere deine Defizite und Verletzungen nicht mehr, sondern gestehe sie dir ein und bringe sie ans Licht und ins Gebet! Ich möchte dich ermutigen, dich auf den Weg zu machen, um zum Frieden mit deiner Vergangenheit zu finden[13]. Dann wirst du wesentlich erfolgreicher deine Gegenwart meistern und die Zukunft gestalten können.

---

[13] Eine große Hilfe kann dabei der Besuch des Seminars "Versöhnt leben - Beziehungen klären" sein, das bei unserer Familienorganisation Team.F angeboten wird. www.team-f.de.

Rundum Fit bleiben!

Auf der Suche nach Lebensbalance

Auf meiner Suche nach praktischen Tipps, ausgeglichener und belastbarer zu werden, hat mich der Vortrag des Sportwissenschaftlers und Managementberaters Jack Groppel während einer Willow Creek Konferenz fasziniert. Nicht nur seine vier Punkte zur Lebens-Balance, sondern besonders seine Einstiegsthese: "Wir müssen unsere Energien managen, nicht nur unsere Zeit!"

„Das ist ja endlich mal etwas, was ich direkt in meinem Mutteralltag umsetzen kann", jubelte ich innerlich - und stellte gleichzeitig eine gewisse Ähnlichkeit zwischen Berufsmanagement und Familienmanagement fest.

Auch ich steckte in der Gedankenfalle fest, dass eine gute Zeitplanung das Wichtigste sei: Alles gut planen und dann Zack-Zack durch den Tag jagen... Natürlich sind Unorganisiertsein und Trödeln keine guten Voraussetzungen, aber noch wichtiger ist es, mit seinen Energien gut hauszuhalten. Wir verbrauchen den ganzen Tag Energien - mit anderen Worten: Wir schreiben ständig Schecks aus. Aber wo sind die Einnahmen? Um unser Leistungsvermögen zu erhalten, müssen wir unsere Lebensenergien gut managen.

Groppel sprach von vier Bereichen, die wir unbedingt in Balance halten müssen, um nicht auszubrennen:

- Körperliche Balance

- Emotionale Balance

- Mentale Balance

- Geistliche Balance

Jeden dieser Bereiche sollte man sich genau anschauen: Wo haben sich Fehlfunktionen eingeschlichen oder schlechte Gewohnheiten entwickelt? Mich erstaunte der Ausspruch, dass 95% unseres Verhaltens unbewusst abläuft. Wenn das stimmt, dann muss man diese unbewussten Abläufe durchschauen und ganz gezielt gute Gewohnheiten einüben. Dann kann man zu einer echten Lebens-Balance gelangen!

Diese vier Bereiche finde ich fantastisch, denn sie umfassen unser ganzes Sein. Deswegen werde ich jetzt der Reihe nach auf sie eingehen:

Körperliche Balance

In manchen christlichen Kreisen wird leider selten positiv über den Körper gesprochen, auch nicht darüber, wie man ihn gesund erhalten kann. Warum nur?

Ich vermute, dies ist eine Gegenreaktion auf die Vergötterung von Schönheit, Sport und Ernährung in unserer Gesellschaft und in den Medien. Nun gut, dreht sich das Denken eines Menschen nur noch um sein Aussehen, rennt jemand sechsmal in der Woche ins Fitnessstudio oder geht der Gesprächsstoff nicht über Abnehmen,

Diät und die neueste Mode hinaus, wird dem Körper zu viel Aufmerksamkeit gewidmet. Aber ist es im Sinne Gottes, den Körper durch Schlampigkeit, zu wenig Bewegung und Schlaf oder falsche Ernährung zu vernachlässigen?

Schau dir einmal folgenden Bibelvers an: *„Oder wisst ihr nicht, dass euer Leib ein Tempel des Heiligen Geistes in euch ist, den ihr von Gott habt, und dass ihr nicht euch selbst gehört? Denn ihr seid um einen Preis erkauft worden, verherrlicht nun Gott mit eurem Leib"* (1. Korinther 6, 19-20).

Gott hat dich einzigartig und schön geschaffen. Du gehörst dir nicht selbst; vielmehr soll du Gott mit deinem Körper Freude machen, und der Heilige Geist soll sich darin wohl fühlen!

Häufig muss ich mir eingestehen, dass ich mehr auf meinen Körper angewiesen bin als mir lieb ist. Um Gott unbeschwert dienen zu können, muss er fit bleiben. Ist man so um die Zwanzig herum, denkt man noch nicht viel darüber nach, aber wenn die Jahre ins Land gehen, man immer steifer wird und sich unangenehme Zipperlein einstellen...

Ich will vier Bereiche, die mir für mein körperliches Wohlbefinden wichtig geworden sind, ganz praktisch ansprechen:

- Aussehen

- Bewegung

- Entspannung und Schlaf

- ausgewogene Ernährung

Aussehen

Ich glaube kaum, dass du in deinem Selbstwertgefühl so gefestigt bist, dass es dir total egal ist wie du auf andere wirkst. Es tut gut, ein

Kompliment zu hören: „Das steht dir aber gut!" Oder: „Da hast du ja etwas Originelles gefunden!"

Du sollst dich in deiner Haut wohl fühlen und ruhig bestätigt bekommen, dass du auf andere angenehm wirkst. Es gibt Frauen, die laufen zu Hause immer in den gleichen Klamotten herum; nur wenn sie zum Fleischer gehen, putzen Sie sich heraus, als wollten sie die Schweinehälften, die dort hängen, beeindrucken. Ich habe mir vorgenommen, mich zu Hause zwar zweckmäßig, aber doch flott und gepflegt zu kleiden. Fege ich dann einmal am Spiegel vorbei, grüße ich mich augenzwinkernd: „Hallo, kesse Hausfrau!" Meine Kinder sollen mich lange hübsch in Erinnerung behalten und Eberhard soll allen Grund haben, sich seine Frau vor Augen zu malen.

Denke nicht, dass gepflegtes Aussehen immer mit hohen Kosten verbunden ist. Alles, was du brauchst, ist etwas Einfallsreichtum. Ich denke an eine Studentin, die sich mit den einfachsten Sachen, oftmals aus Omas Mottenkiste, herausputzte. Für mich war sie ein Vorbild an Kreativität und Lebensfreude. Ganz bestimmt nicht mein Stil – aber jeder soll doch das Beste aus seinem Typ machen.

Früher habe ich, mehr noch als heute, sehr viel genäht, für die Kinder und auch für mich. Viel Geld hatten wir wirklich nicht, aber ich wollte einfach nicht, dass wir Ärmlichkeit widerspiegelten – manch einer ordnet eine große Familie ja so ein. Dabei sind oft tolle Sachen herausgekommen. Ich glaube, es ist mir immer gelungen, uns einen gewissen Pfiff zu geben.

Wenn du dir das auch wünscht, es dir aber einfach noch nicht zutraust, bitte doch andere, die dir darin voraus sind, um Hilfe. Du könntest zum Beispiel einen Kreativ- oder Nähkurs in der Volkshochschule belegen. Vor einiger Zeit hatten wir in unserer Kirchengemeinde einen Nähkurs mit abschließender Modenschau – natürlich unter Ausschluss der Öffentlichkeit, neugierige Männer waren nicht zugelassen. Das war vielleicht ein Spaß!

Möchtest du deine Frisur ändern oder dich mal wieder neu einkleiden, nimm doch einfach eine Freundin mit, die es „drauf" hat. Dann fühlst du dich sicherer. Nicht allen Verkäuferinnen kann man vertrauen, schließlich wollen sie verkaufen. Meine älteste Tochter war da recht forsch. Wenn sie in ihrem Freundeskreis ein „ graues Mäuschen" entdeckte, das in Haarstil und Kleidung recht unbeholfen war, gab sie taktvoll Ratschläge und bot sich an, mit ihr loszuziehen. Als ich neulich in den Gottesdienst ging, war ich ganz perplex, denn ich hätte ihre Nachbarin beinahe nicht wieder erkannt...

Eine Freundin von mir hat durch eine Farb- und Stilberatung größere Sicherheit in der Auswahl ihrer Kleidung und ihres Makeups erlangt. Das hat ihr Selbstwertgefühl enorm gesteigert. Sie sagt: „Vor der Wende mussten wir hauptsächlich von gebrauchten Klamotten leben. Wie ich aussah, war mir da mehr oder weniger egal. Aber dann, als schicke Sachen auch für uns zugänglich und erschwinglich wurden, war ich hilflos und wusste nicht, wonach ich greifen sollte. Nach einigem Zögern nahm ich eine Farb- und Stilberatung in Anspruch. Ich war angenehm überrascht, wie auf meinen persönlichen Stil eingegangen wurde. Eigentlich bekam ich bestätigt, was ich gefühlsmäßig sowieso machen wollte, mich nur nicht traute. Ich bin klein, zierlich und blass. Ich lernte, wie man mit nur etwas Farbe das Gesicht betonen kann. Ratschläge wie: „Trage niemals weiße Hosen", oder: „Große Muster kannst du vergessen" haben mir enorm geholfen. Nach vier Stunden wurde ich mit einem Farbpass und einer Mappe mit empfehlenswerten Modekombination entlassen."

Der erste Kommentar, den sie von Freundinnen spontan bekam, war: „Endlich sieht man dich einmal!" Mit ihrer unauffälligen Kleidung war sie – klein und zierlich, wie sie war – von ihrer Umwelt gar nicht bewusst wahrgenommen worden. Jetzt hat sie Mut, etwas Flotteres anzuziehen, und selbst ihrem Mann macht es Freude, mit ihr loszuziehen und neue Farben auszuprobieren.

Bewegung

Schneide ich dieses Thema unter Frauen an, stoße ich auf viele verlegene oder sogar abweisende Gesichter. Besänftigend betone ich dann: „Liebe Leute, ich nehme noch nicht einmal den Begriff Sport in den Mund, ich spreche nur von sich mehr bewegen."

Früher gebrauchte ich die gleichen Ausreden, die ich heute höre: „Was hast du denn? Als Hausfrau bin ich doch den ganzen Tag in Bewegung. Wir leben in vier Etagen. Keiner läuft so viele Treppen am Tag wie ich…"

Obwohl sie einsehen, dass sie mehr Bewegung nötig hätten, fällt es vielen Frauen schwer, dies in ihren Wochenplan hinein zu nehmen. Bei mir war es genauso. Aber wenn man wirklich kapiert, was man seinem Körper mit mangelnder oder einseitiger Bewegung vorenthält und wie Sport nicht nur dem Körper, sondern auch der Seele gut tut, findet man vielleicht doch Möglichkeiten.

„Wer mit 40 Jahren ein regelmäßiges Ausdauertraining beginnt, gewinnt" – so Professor Hollmann in einem Gesundheitsmagazin – „funktionell die Herz- Kreislauf- Leistungsfähigkeit eines zwanzig Jahre jüngeren, untrainierten Menschen. Ausdauersport verhilft dazu, im vorgenannten, funktionellen Sinne, zwanzig Jahre lang vierzig Jahre alt zu bleiben."

Die Gesundheitssportlerin Doris Siegenthaler betont, dass wir unsere nervliche Müdigkeit durch langsames Ausdauertraining in körperliche Müdigkeit umwandeln können. Denn oft ist es nicht die tägliche Arbeit, die uns so fertig macht, sondern der latente Bewegungsmangel und eine einseitige Körperhaltung.

Übrigens, Sport tut nicht nur dem Körper gut, sondern auch der Seele. Das ist medizinisch nachgewiesen. Du kannst es ja an dir selbst einmal ausprobieren, wenn du es mir nicht glauben willst. Oft hilft es deiner seelischen Verfassung mehr, wenn du dich bewegst und sportlich betätigst, als wenn du dich ständig mit deinen Problemen beschäftigst. Durch Bewegung wird manche seelische Spannung abgebaut.

Am Tag nach einem Wochenendseminar spüre ich häufig erst, was ich geleistet habe. Ich bin erschöpft, habe Verspannungen, manchmal wird mir ganz heiß und kalt. Wenn ich mich dann tatsächlich aufraffe, durch den nahen Wald zu joggen anstatt zu Hause lustlos weiter zu wursteln und doch nichts zu schaffen, bin ich zwar hinterher richtig erschöpft, aber viel ausgeglichener. Aber frage mich nicht, welchen Kampf es mich manchmal kostet, bis ich mich aufmache!

Wahrscheinlich willst du wissen, was ich tue um körperlich fit zu bleiben. Früher ging ich einmal pro Woche schwimmen, aber zügig, und dann machte ich fast jeden Tag fünfzehn Minuten gezielte Gymnastik, die besonders meinem Rücken gut tat. Inzwischen kann ich mehr Zeit investieren und bemühe mich, fast jeden Wochentag zu joggen und bis zu dreimal meine Muskelübungen im Fitnessstudio zu machen.

Eberhard war ein Jogger. Schon vor seinem Herzinfarkt ist er viel gelaufen (um keinen Herzinfarkt zu bekommen). Danach fing er unter ärztlicher Beratung wieder vorsichtig an und lief die ganzen letzten Jahre, kontrolliert von einem Pulsmesser, fast täglich seine fünf Kilometer. An ihm habe ich beobachtet, was regelmäßiger Ausdauersport bewirken kann. Der angeschlagene Herzmuskel wird trainiert, der Blutdruck bleibt niedriger, man schläft besser und lebt ausgeglichener. Inzwischen ist Eberhard etwas vorsichtiger geworden, bleibt lieber im Fitnessstudio und macht dort seine Übungen. Du kannst sicher sein, dass ich darauf achte, dass er wirklich die Möglichkeit hat, regelmäßig zu trainieren. Sich drücken gilt nicht, schließlich will ich ihn noch lange haben. Zum Ausgleich passt er auf, dass auch ich meine Übungen nicht auslasse.

Wenn du etwas für deinen Körper tun willst, denke doch einmal nach, was dir liegt. Es muss ja nicht Joggen sein, du kannst auch walken oder zügig wandern, Rad fahren, Skilanglauf machen, auf dem Heimtrainer strampeln, rudern, schwimmen oder flott tanzen. Hauptsache du hältst deinen Puls drei- bis viermal pro Woche etwa eine halbe Stunde auf 130. Wenn du allein nicht in Gang kommst, dann begeistere deine Freundin. So könnt ihr euch gegenseitig anspornen.

Mit Kindern ist Schwimmen etwas Ideales. Einmal sah ich dort vier Mütter mit ihren Kindern. Eine planschte mit den Kleinen im Nichtschwimmerbecken, während die anderen ihre Runden schwammen. Dann lösten sie sich ab. Keine schlechte Idee, oder?

Entspannung und Schlaf

Das hört sich gut an: „Achte auf genügend Schlaf." Beinahe jede junge Mutter mit einem Säugling bekommt über längere Zeit einfach zu wenig davon. Selbst bei Kleinkindern hat man nicht unbedingt ungestörte Nächte. Ich bin immer ganz neidisch geworden, wenn ich hörte, dass ein Baby schon mit zwei oder drei Monaten durchgeschlafen hat. Bei meinen hat es ungefähr zehn Monate gedauert, bis ich nachts nicht mehr heraus musste. Heute frage ich mich manchmal, wie ich das bloß geschafft habe.

Wenn der wenige Schlaf sich auf einige Monate beschränkt und man auch schon das Ende ahnen kann, ist alles nicht so tragisch. Darauf kann man sich einstellen. Sorgen mache ich mir um die Mütter, die klagen, immer müde zu sein und ihrem Schlafbedarf nie gerecht zu werden. Sie sind nämlich geradewegs dabei, ihren Energietank aufzubrauchen und dabei „auszubrennen". Wenn du betroffen bist, dann überlege sachlich, wie du dem Einhalt gebieten kannst und suche eventuell Beratung. Vielleicht hilft dir einer der folgenden Tipps:

- Wenn du nachts nicht genügend Schlaf bekommen hast, dann ruhe, wenn dein Kind am Tag seine Schlafzeiten hat. Natürlich lockt es manche, jetzt ordentlich im Haushalt zu wirbeln, aber du musst abwägen, was wichtiger ist.

- Vielleicht kannst du dir die „Nachtarbeit" ein wenig mit deinem Mann teilen. Während der Woche mag ihn die Berufstätigkeit stark beanspruchen, so dass du ihm seine Ruhe lässt. Aber ein Wochenende hat immerhin zwei Nächte, in denen er einspringen könnte, damit du einmal durchschlafen kannst. Bei einem Stillkind ist das natürlich nicht so einfach. Ich wage gar nicht zu erzählen, welchen „Service" Eberhard mir immer geboten hat. Dummerweise (oder glücklicherweise?) habe ich von uns beiden den tieferen Schlaf und bekomme nachts fast gar nichts mit. So holte er stets den wimmernden Säugling aus der Wiege und schob ihn mir liebevoll an die Brust. Zum Ausgleich habe ich das Baby dann gewickelt und wieder ins Bettchen gelegt. Mit dieser Arbeitsteilung ließ es sich schon leben.

- Über die Jahre ist es mir fast immer gelungen, mittags ein Nickerchen von zwanzig bis dreißig Minuten zu halten. Andere sagen: „Bloß nicht, dann werde ich erst richtig müde." Das ist Einstellungssache. Erwiesen ist, dass nahezu jeder um die Mittagszeit ein Tief hat, und etwas Entspannung hilft, die Kräfte für den Rest des Tages wieder zu mobilisieren. Mir ging es nicht darum, totale Ruhe zu haben – das war bei uns gar nicht möglich – aber: Beine lang, etwas entspannende Musik, tief durchatmen, an etwas Schönes denken und abschließend eine Tasse Kaffee. Die Kleinste kam oft kuscheln, die anderen spielten leise vor sich hin, diese Rücksicht hatten sie gelernt. Wer laut sein wollte, konnte diesem Drang in seinem Zimmer nachgeben.

- Durchdenke alle deine Aktivitäten, ob in der Kirchenge-meinde, in Vereinen oder in deinem Freundeskreis, durch die du zu spät ins Bett kommst oder zu viel Ärger hast. Es wäre nicht gut, das alles zu streichen und dich nur noch um deine Kinder zu drehen, aber in „harten Zeiten" musst du dich fragen: Worin sollte ich eine Zeit lang kür-zer treten, um wieder zu Kräften zu kommen? Wir haben nun einmal einen unterschiedlichen Kräftehaushalt und den muss jeder für sich berücksichtigen. Eberhard und ich haben zu solchen herausfordernden Zeiten eine ganze Reihe Abendverpflichtung gestrichen beziehungsweise sorgfältiger geplant – Besprechungen, Seelsorge, Besuche. Nach einem anstrengenden Tag abends noch Verpflich-tungen zu haben, hielten wir auf die Dauer nicht durch. Am wohlsten fühlten wir uns, wenn möglichst jeder zwei-te Abend für unsere persönliche Entspannung frei war und für die großen Kinder, die uns abends gern umlager-ten.

Viele leben zu gedankenlos, was Bewegung, Entspannung und Schlaf betrifft. Hinterher entdecken sie, dass sie sich übernommen haben und brauchen lange, um wieder zu Kräften zu kommen. An-dere klagen ständig über ihren stressigen Alltag, machen sich selbst verrückt und gefallen sich letztlich doch in ihrer Rolle. Stress ist zu einer Modeerscheinung geworden: „Es soll doch keiner annehmen, dass ich nicht genug zu tun habe…" Solchen Leuten ist schwer zu helfen.

Denke daran, dass dein Familienleben einem „Marathonlauf" gleicht, deine Energie nicht unendlich reicht und du sie immer wie-der auffüllen musst, um die Puste zu behalten. Diese Einsicht wird dir helfen – selbst in einer zunächst aussichtslosen Situation – doch eine Möglichkeit zu finden, genügend Entspannung und auch Schlaf zu bekommen.

Ausgewogene Ernährung

Krankenkassen, Fernsehen, Zeitschriften und Fachbücher versuchen schon seit vielen Jahren, die Ernährungsgewohnheiten unserer Gesellschaft zu verändern. Trotzdem habe ich den Eindruck, dass im Alltag nicht viel davon ankommt. In meinem Mütterkreis früher habe ich manchmal die Mütter um mich herum getestet: „Sagt mal, was gibt es denn heute Mittag bei euch?"

„Hm, ja, Würstchen und Kartoffelbrei." – „Ich weiß nicht, vielleicht 'nen Joghurt, oder ich schieb was in die Mikrowelle." Fertiggerichte und Naschereien zwischendurch sind halt bequem. Wenn du dein Kind allerdings mit lieblosen Mahlzeiten abfertigst, brauchst du dich nicht zu wundern, wenn es ständig nach Süßigkeiten bettelt. Von irgendetwas muss man schließlich satt werden.

Ich beschäftigte mich lange mit ausgewogener Ernährung, habe Fachbücher gewälzt, Kalorien- und Nährwerttabellen studiert und wollte meinen Kindern ermöglichen, gesund aufzuwachsen.

Leider stimmt doch, was man immer wieder als Warnung hört und liest: Wir essen zu schnell, zu viel, zu süß, zu salzig, zu fett, wir verschaffen uns zu wenig Bewegung – und dann klagen wir über allerlei Wehwehchen und die zu vielen Pfunde! Übergewicht ist in unseren reichen Industrienationen ein teures Problem[14]. Das andere

---

[14] B. P. Iddings, Nie wieder dick! Abschied von 75 ungeliebten Kilos, Menander Verlag Braunschweig, www.menander-verlag.de.

Extrem ist nicht weniger beängstigend: Es gibt immer mehr untergewichtige Menschen, vor allem junge Mädchen und Frauen.

Wie kann verantwortungsvolle, ausgewogene Ernährung aussehen? Modetrends und widersprüchliche Aussagen verunsichern natürlich. Ich denke, die Grundregeln sind dennoch nicht zu schwer einzuhalten: Ich achte auf viel frisches Obst, Salate und Gemüse. Obst, Tomaten oder Möhren zum Knabbern sollten immer herumstehen und können von der Gier nach Süßigkeiten ablenken.

Da kam uns natürlich unser biologisch bebauter Gemüsegarten zugute, der zwar viel Arbeit machte, aber sich doch als „Quelle der Gesundheit" erwies. Er war Eberhards Idee und körperlicher Ausgleich. Jedem Gedanken, den Garten aus Zeitmangel oder Bequemlichkeit aufzugeben, widerstanden wir standhaft. Erst als die allermeisten Kinder aus dem Haus waren, gaben wir ihn auf.

Na klar, nicht jeder hat die Möglichkeit oder will sich die Arbeit machen. Dann sieh zu, dass du einiges Grünzeug direkt vom Erzeuger beziehen kannst. Viele Landwirte verkaufen ihre frischen Produkte regelmäßig auf Wochenmärkten. Manche Frauen werden auch auf ihrem Balkon kreativ, indem sie Kräuter ziehen, mit denen man Speisen wunderbar verfeinern kann. Aus Blumentöpfen ranken Tomaten an der Hauswand hoch, selbst Salatköpfe können einen Blumenkasten zieren.

„Es wird zu viel Fleisch und zu viel Fett gegessen, mehr als wir brauchen und uns gut tut", wird immer wieder gewarnt. Uns ist es nicht so schwer gefallen, den Fleischbedarf zu Gunsten von mehr Gemüse und Rohkost zu verringern

Unser Vollkornbrot habe ich in der Familienphase immer selbst gebacken. Getreide mahlen und Brotbacken gehörte schon so routiniert zum Tagesablauf, dass der Weg und das Anstehen beim Bäcker beinahe länger gedauert hätten. Wenn ich tatsächlich mal Brot kaufen musste, verschlangen meine Heranwachsenden fünf bis sechs

Scheiben mit Unmengen an Aufstrich, während sie beim selbst gebackenen Vollkornbrot nach der zweiten oder dritten Scheibe ächzend aufhörten.

Wir versuchten, Süßigkeiten auf ein vernünftiges Maß zu reduzieren und mit Nüssen, Trockenobst und frischem Obst ein Gegengewicht zu setzen. Genau wie andere Familien haben auch wir eine Zeit lang versucht, ganz ohne Süßigkeiten zu leben. Das kann man ganz gut durchziehen, bis ein Kind in den Kindergarten oder in die Schule kommt; ab da mussten wir es aufgeben. In unserer vernetzten Gesellschaft ist es sehr schwer auszusteigen. Manche Kinder, die zuhause extrem kurz gehalten werden, schlagen sich bei anderen Gelegenheiten umso mehr den Bauch damit voll. In ihrem Alter kann man noch keine Einsicht erwarten. Aber selbst die paar zuckerarmen Jahre können für die frühkindliche Entwicklung ein Segen sein.

Unsere Kinder denken gern an unseren eigenen „Bonbonladen" zurück mit ausgewähltem Naschwerk. Besonders, dass die Preise deutlich unter denen am Kiosk lagen, vergessen sie nicht.

Als Eltern tragt ihr nun wirklich Verantwortung für das leibliche Wohl eurer Kinder. Damit legt ihr eine Grundlage für den allgemeinen Gesundheitszustand eurer Kinder als Erwachsene. Wenn du dich bis jetzt noch nicht so intensiv damit beschäftigt hast, schau doch mal ins Internet, ziehe einige Bücher oder eine erfahrene Freundin zurate oder nimm an einem Kochkurs teil. Es ist nicht allzu schwer, darin „Fachfrau" zu werden. Ich hoffe, dass dein Mann die gleiche Verantwortung empfindet. Er muss seine Frau unbedingt darin unterstützen. Was hilft es, wenn eine Frau sich bemüht, gesundheitsbewusst und kreativ zu kochen und er der erste ist, der beim Essen nörgelt...

In allen vier Bereichen, die ich zur körperlichen Balance genannt habe – Aussehen, Bewegung, Entspannung und Schlaf sowie Ernährung –, geht es mir um Verantwortungsbewusstsein und Ausgewogenheit. Leider wird heutzutage zu stark in Extremen gelebt: Entweder totale Gleichgültigkeit oder ein Fanatismus, der andere abschreckt.

Ich denke, du hast verstanden, wie ich es meine. Mit einem gesunden Körper, in dem du dich wohl fühlst, hast du einfach mehr Freude am Leben und bist auch belastbarer. Fromm gesagt: Du kannst Gott tatsächlich besser „mit deinem Leib verherrlichen"!

Emotionale Balance

Ich mag diesen Ausspruch der Bibel: „*Der Friede Gottes bewahre eure Herzen und Sinne."* (Philipper 4,7) So wünsche ich es mir: Dass ich Gottes Frieden in mir spüre, ja, dass meine Persönlichkeit und mein ganzes Denken von seinem Frieden durchdrungen ist.

Ein anderer Bibelvers begleitet mich auch schon seit Jahren: „*Mehr als alles, was man sonst bewahrt, behüte dein Herz! Denn in ihm entspringt die Quelle des Lebens"* (Sprüche 4,23, ELB).

In der Bibel ist mit dem Begriff „Herz" häufig der Kern der menschlichen Persönlichkeit gemeint. So auch im zitierten Bibelvers. Er ist mir sehr wichtig geworden: Mehr als auf alles, worauf man sonst Wert legt und was man pflegt, soll ich auf mein Inneres, mein Herz, achten. „*Denn daraus quillt glückliches Leben"*, sagt die Zürcher Bibelübersetzung.

Dem kann ich aus eigener Erfahrung nur Recht geben: Wälze ich missmutige Gedanken, lasse ich mich von Bitterkeit quälen und treffe aus dieser miesen Laune heraus auch noch schlechte Entscheidungen…, na ja, dann bin ich alles andere als glücklich.

Das heißt doch, dass ich wirklich aufpassen muss, was ich so an Gefühlen und Gedanken in mir zulasse. Und welchen Eindrücken und Reizen ich mich aussetze. All das wird mein Innerstes, mein Herz, beeinflussen – du entscheidest selbst, ob du dich glücklich oder unglücklich machen willst.

An anderer Stelle spricht die Bibel in Bezug auf mein Innerstes auch von der Seele. Sie kann ganz schön in Aufruhr, ja in Panik geraten. Das bestätigt Psalm 131,2: *„Habe ich meine Seele nicht beschwichtigt und beruhigt? Wie ein entwöhntes Kind bei seiner Mutter, wie ein entwöhntes Kind ist meine Seele in mir.“*

Diese Worte kann ich richtig nachempfinden. Du auch? Manchmal schießen einem die unmöglichsten Gedanken durch den Kopf, die Gefühle sind richtig aufgewühlt und man merkt: Ich muss irgendwie zur Ruhe kommen! Ich muss meine Seele beschwichtigen! Aber wie?

Ich hoffe, ich strapaziere dich nicht zu sehr mit Bibelversen, aber die Antwort findest du in Matthäus 11, 28-30: *„Kommt her zu mir, alle ihr Mühseligen und Beladenen, und ich werde euch Ruhe geben. Nehmt auf euch mein Joch und lernt von mir, denn ich bin sanftmütig und von Herzen demütig, und ihr werdet Ruhe finden für eure Seelen; denn mein Joch ist sanft und meine Last ist leicht.“*

Deine Seele kann schnell vernachlässigt und verletzt werden – dann leidest du unter dir selbst und andere haben auch nichts zu lachen – aber es kann ein langer Weg sein, bis sie wieder beschwichtigt und geheilt ist.

Was mein Innenleben, meine Seele, betrifft, achte ich auf drei Punkte:

- Ich will meine Seele vor negativen Einflüssen schützen.

- Ich will sie von Bitterkeit und Zorn freihalten.

- Ich will ihr Gutes gönnen.

Vor negativen Einflüssen schützen

Den ganzen Tag lang stürmen eine Unmenge Reize auf uns ein: Radiogedudel, Plakate, Werbung, Internet, Fernsehspots, Kinderge- schrei, Nachbarklatsch… Wenn du dich all dem unkontrolliert aus- setzt, kannst du verrückt werden. Unsere reizüberflutete Zeit kann eine Seele zerstören.

Du kannst zwar nicht allem entfliehen, aber doch einen großen Teil steuern, zum Beispiel, indem du nicht ständig das Radio oder den Fernseher laufen lässt, sondern nur dann, wenn du gezielt etwas hören oder sehen möchtest; indem du nicht jedem Tratsch in der Nachbarschaft oder Kirchengemeinde nachgehst, sondern dir be- wusst Freunde suchst, die dich positiv herausfordern und aufbauen.

Es gibt Bücher und Filme, die du überhaupt nicht an dich heran lassen solltest. Ich kenne Frauen, die sich jeden „Reißer" angucken, aber danach trauen sie sich in kein Parkhaus mehr und zuhause gu- cken sie unter jedes Bett. Was soll das? Erspare deiner Seele solche Attacken. Manche Szenen aus Büchern und Filmen können dich über lange Zeit regelrecht verfolgen.

Wie eine angeschlagene Seele „aufschreit", habe ich während meiner Depressionsphase selbst erlebt. Ich habe dabei einiges dar- über gelernt, wie man die Seele beschwichtigt und aufpäppelt. Es ist fürchterlich an sich selbst zu erleben, dass man seine Seele nicht mehr unter Kontrolle hat und von ungewollten Gefühlen tyranni- siert wird.

Vielleicht hast du dich schon gefragt, wie ich da herausgekommen bin?

Ich wusste eins: Ich darf mich nicht in dieses schwarze Loch fallen lassen, mich nicht gehen lassen, das Leben muss einfach weiterlaufen. Mit allergrößter Disziplin habe ich mich auf den Beinen gehalten und bin meiner Hausarbeit nachgegangen. Natürlich habe ich gebetet wie ein Weltmeister, aber in so einem „Gefängnis" kommt man sich vor, als gingen die Gebete nur bis zur Decke. Dann lernte ich Bibelverse, ja ganze Psalmen auswendig und sagte sie mir vor. Meine Ängste besänftigte ich mit Anbetungsmusik. Ich wollte meine angeschlagene Psyche durch die Wahrheit des Wortes Gottes neu aufbauen. Ganz entscheidend war, dass viele gute Freunde für mich gebetet haben – und dann stand ich eines Morgens auf und der Druck war weg. Eine klare Gebetserhörung!

Allerdings, das Angeschlagen- und Alarmiertsein in der Seele verfolgte mich noch einige Jahre. Bücher oder Filme mit Lebensschicksalen voller Krankheit oder Depressionen habe ich deshalb gemieden. Bei Muskelverspannungen, die von den Schultern in den Kopf zogen, bekam ich altvertraute Angstgefühle; doch auch das gab sich mit der Zeit. Lange bin ich vorsichtig in Bezug auf negative Reize geblieben und habe eine regelrechte Strategie entwickelt, wie ich meine Seele schützen und aufbauen kann.

Das ist meine Geschichte. Ich weiß, das Thema „Depressionen" ist so vielschichtig, dass selbst Fachleute schwer haben es richtig einzuordnen, und es gibt noch viele andere Zusammenhänge, die berücksichtigt werden müssen. Wenn jemand davon betroffen ist, sollte er beziehungsweise sie sich hüten, meinen Heilungsweg einfach auf sich zu übertragen.

Seitdem ich vermehrt über meine schmerzhaften Erfahrungen und Lernschritte spreche, kommen Frauen und gestehen ein, dass sie Ähnliches empfinden. Häufig wird mir berichtet: „Manchmal sitze ich zuhause, bin vollkommen niedergeschlagen und fange grundlos an zu weinen."

Das ist sehr bedenklich! „Grundlos" gibt es nicht, dahinter stecken Ursachen: Erschöpfung, Überforderung, zu wenig Schlaf, Enttäuschungen, Bitterkeit...

Geh diesen Dingen an die Wurzel. Manchmal hilft es schon, sich bei einer guten Freundin alles von der Leber reden zu können und miteinander zu beten. Es kann auch sein, dass du fachliche oder seelsorgerische Hilfe in Anspruch nehmen musst.

Frei von Bitterkeit und Zorn

Negatives Denken und Reden, Sorgen, aufgestaute Enttäuschungen, Bitterkeit und Zorn schaden der Seele. Sie dämpfen ein klares Urteilsvermögen und vergiften die Gefühle.

Deshalb betont die Bibel so eindringlich, diese „Zerstörer" abzulegen und nicht wieder zuzulassen: *„Alle Bitterkeit und Wut und Zorn und Geschrei und Lästerung sei von euch weg getan, samt aller Bosheit. Seid aber zueinander gütig, mitleidig und vergebt einander..."* (Epheser 4, 31-32).

Aber wie kommt man da heraus, wenn man so richtig enttäuscht und niedergeschlagen ist? Das ist ein wahres Kunststück! Vielleicht helfen dir folgende Gedanken:

Ich neige dazu, Zusammenhänge zuerst von der negativen Seite zu sehen. Schon mein Vater sagte mir, als ich noch ein Teenager war: „Claudia, du darfst die Dinge nicht immer so negativ sehen!"

Eberhard hat mich regelrecht trainiert, anders zu denken: „Pass auf, bevor wir nicht das Gegenteil wissen, nehmen wir zunächst erst einmal das Beste an!"

Das trifft auf viele Alltagssituationen zu. Eins deiner Kinder kommt zum Beispiel nicht rechtzeitig nachhause. Schon kann der „Sorgenapparat" im Kopf auf Hochtouren laufen. „Du weißt ja gar nicht, was vorgefallen ist. Also, ganz ruhig bleiben", kannst du dir sagen. Oder eine Verleumdung im Freundeskreis: „Nicht aufregen. Abwarten, bis die Sache geklärt ist und bis dahin das Beste annehmen."

Im Hebräerbrief (Kapitel 12, Vers 15) steht, wir sollen aufpassen, dass in uns nicht *„eine Wurzel der Bitterkeit aufsprosst"*. Bist du nicht wachsam, wird aus der Wurzel ein regelrechtes Geschwür, das dich auffrisst.

Ich möchte meine Seele möglichst von Sorgen, Vorwürfen und Bitterkeit freihalten. Wenn ich jedoch Dinge, die mich verletzen, nicht ausspreche, wenn ich mich in Selbstmitleid bade und nicht bereit bin zu vergeben, spüre ich, wie so eine „Wurzel der Bitterkeit" in mir wächst und mich ungenießbar macht.

Willst du deine Seele bei Laune halten, dann friss nichts in dich hinein, bleibe vergebungsbereit und sprich über die Dinge, die dich beschäftigen und verletzen. Dazu gehört manchmal ganz schön Mut!

Mache dir zum Vorsatz, nichts mit in die Nacht zu nehmen, was dich herunterziehen könnte, wie Zorn oder Unversöhnlichkeit, sondern es vor dem Schlafengehen vor Gott und – wenn möglich – vor deinen Mitmenschen in Ordnung zu bringen.

„Die Sonne gehe nicht unter über eurem Zorn und gebt dem Teufel keinen Raum...", lautet eine weise Ermahnung im Epheserbrief (4,26-27).

Sich etwas Gutes gönnen

Geistliche Dinge wie Bibellesen, Loblieder singen und beten sind sehr wichtig, damit deine Seele bewahrt bleibt. Ich möchte dir darüber hinaus jedoch einige Ratschläge geben, die man in christlichen Kreisen nicht so häufig hört.

Gerade Mütter, die sich ganz hingeben und rund um die Uhr für ihre Familie da sein wollen, müssen immer mal wieder kurze Momente haben, in denen sie innerlich von ihrer Aufgabe zurücktreten. Sie müssen sich entspannen und über ihren Platz in der Familie nachdenken können, um sich dann – so wünsche ich es mir – mit neuem Elan in ihre Familienarbeit zu stürzen.

Das mag manch einem „Hingabetyp" egoistisch anmuten, aber du kannst dich nicht pausenlos einer Aufgabe widmen. Ich will jetzt mal ganz besonders die Mütter ansprechen, die sich eine größere Kinderzahl wünschen und auch für einige Jahre um der Kinder willen ganz zu Hause bleiben wollen. Ein normal Berufstätiger hat seinen Feierabend, dann braucht er nicht mehr an die Arbeit zu denken und kann abschalten. Welche Mutter, sagen wir mit drei Kindern, von denen eins ein Säugling ist, hat das ebenfalls? Da gibt es um 17.00 Uhr keinen Feierabend, um sich zu entspannen und auf den nächsten Arbeitstag vorzubereiten. Sie muss rund um die Uhr für die Familie da sein. Selbst wenn sie nicht mit Volldampf arbeitet, ist sie ständig in „Abrufbereitschaft". Und niemals abschalten zu können, kann sie regelrecht „ausbrennen" lassen.

Was Vollzeitmüttern erheblich zu schaffen macht, ist die ständige Bereitschaft, tägliche Tretmühle, das ständige Kindergequake, der oft geringe Kontakt mit anderen Menschen, manchmal auch ein Ehemann, der ihren Einsatz nicht zu würdigen weiß und sie wenig unterstützt.

Berufstätige Mütter und Alleinerziehende sind natürlich genauso herausgefordert, aber ihre Situation ist doch eine andere. Weniger die tägliche Tretmühle und fehlende Kontakte, sondern eher die Herausforderung, vielen unterschiedlichen Ansprüchen gerecht zu werden und gute Prioritäten zu setzen, quält sie. Aber darauf kommen wir noch in einem späteren Kapitel.

Ganz gleich, wie deine Situation auch sein mag: Du kannst sie ändern, du kannst Zeit und Möglichkeiten finden, neu aufzutanken – locker gesagt, deine „Seele einmal baumeln zu lassen"!

Willst du es überhaupt?

Ich bin Müttern begegnet, die diesen Gedanken schlichtweg abgelehnt haben. Da ich weiß, wie gut dieses „Auftanken" tut, habe ich ab und zu einer Mutter, die mir am Rande ihrer Kraft zu stehen schien angeboten, ihr für ein Wochenende die Kinder abzunehmen. Nein, das wollten sie nicht. Die eine gestand ein, dass sie dann das erste Mal seit der Geburt von ihrem Kind getrennt sei - das könne sie nicht! Der anderen war allein der Gedanke, alle Sachen für die Kinder zusammen packen zu müssen, schon zu viel.

Solch eine Frau schuftet und schuftet – manche gefällt sich in der Rolle einer Märtyrerin – und schließlich ist sie so am Ende, dass sie alles hinwerfen will.

Lass es gar nicht erst so weit kommen, sondern überlege rechtzeitig, wie du dir Gutes gönnen und die Freude am Familienleben erhalten kannst.

Verstehst du meine Absicht? Mir geht es um ein ausgeglichenes Leben und darum, seine Kräfte einzuteilen!

Wenn du danach Ausschau hältst, was dir Spaß macht, dich entspannt, ja dir ein Stück Selbstbestätigung gibt, dann tust du es doch nicht in erster Linie um die lästige Familie loszuwerden oder den grauen Alltag zu vergessen, sondern um aufzutanken und danach umso schwungvoller für deine Familie da zu sein. Deine Gehirnwindungen müssen in Bewegung bleiben, deine Lachmuskeln aktiviert werden! Unterlässt du das, habe ich ernsthaft Sorgen, dass du im Alltagstrott unter die Räder geraten könntest.

Wenn dir die Welt offen stünde, was tätest du gern? Fange doch einmal an zu träumen und dann sieh zu, was du davon umsetzen kannst.

Als ich früher noch meinen Mütterkreis hatte, habe ich meine Freundinnen danach gefragt. Es war interessant zu hören, was jeder individuell für sich zur Entspannung tat oder sich wünschte.

„Allein, dass ich alle vierzehn Tage hier sitzen und mit euch frühstücken und plaudern kann, ist schon Entspannung für mich", seufzte eine.

„Wenn mir meine Rangen einen kurzen Mittagsschlaf gönnen würden, dann wäre die Welt in Ordnung...", war eine andere Antwort.

„Also, wenn ich einmal das Badezimmer eine halbe Stunde für mich allein habe, mich baden, pflegen und entspannen kann in der Gewissheit, dass niemand an die Tür poltert und etwas von mir will. Das ist ein Erlebnis...".

„Wenn ich könnte, wie ich wollte, dann würde ich mir ein paar schöne Wohn- oder Modezeitschriften nehmen, mich aufs Bett legen, schmökern, Musik hören und davon träumen, wie ich meine Wohnung verschönern könnte."

„Ich würde lieber basteln und nähen, um die Sachen beim nächsten Hobbymarkt zu verkaufen."

„Und ich malen und mein lange vernachlässigtes Tagebuch weiterführen."

„Lacht mich nicht aus, aber wenn ich Entspannung bräuchte, würde ich Kochbücher wälzen, etwas Exzellentes kochen und nette Gäste bewirten."

Einen schönen Film anschauen, Fahrradfahren, spazieren gehen, einen Stadtbummel machen waren andere Antworten.

Ich will meine „Tankstellen" hinzufügen, die ich einfach von Zeit zu Zeit brauchte. Glücklicherweise kannte ich mich mit den Jahren so gut, dass ich gar nicht mehr in eine Krise kommen musste, sondern schon beim ersten „Kribbeln" zusah, dass ich Abwechslung bekam. Nur gut, dass Eberhard so verständnisvoll war und meine „Spleens" unterstützte! Aber er hatte ja auch etwas davon. Kam ich nämlich munter und aufgeräumt nach Hause, konnten wir einander viel besser genießen.

Wenn ich es nachmittags mit dem Haushaltskram manchmal nicht mehr aushielt, nahm ich mir die Jüngste hinten aufs Fahrrad – die Älteren konnten schon einmal ein Stündchen allein bleiben – und strampelte einfach mit ihr los. Es tat gut, sich den Wind um die Ohren wehen zu lassen. Manchmal guckte ich kurz bei meiner Freundin herein. Für eine Tasse Kaffee blieb immer Zeit.

Oder allein in der Stadt bummeln, ohne einen Schwarm Kinder und ohne lange Einkaufsliste – das war ein Traum. Wie eine „Dame von Welt" durch die Passage schlendern, hier mal schauen dort etwas anprobieren und dabei bewusst meine Freiheit genießen. Einmal kam ich mit einem Schnäppchen nach Hause: Einem schicken schwarzen Rock mit Reißverschluss von unten bis oben. „Nicht übel", pfiff Eberhard durch die Zähne.

Abwechslung war für mich auch, einen Vormittag über einem Seminarthema zu brüten und zu wissen, kein Kind kommt mir jetzt dazwischen. Oder im Sessel zu lümmeln und mich in die Abenteuerwelt eines guten Romans entführen zu lassen.

Diese Antworten ergeben doch ein recht buntes Bild. Welche Ideen würdest du noch hinzufügen? Was entspricht deinen Interessen?

Jetzt darf es allerdings nicht nur bei Wünschen und Sehnsüchten bleiben, sie müssen noch umgesetzt werden. Wenn ich sie auswerte, sind sie doch recht bescheiden. Es war nichts Außergewöhnliches dabei, niemand wollte eine Woche allein auf die Bahamas oder einen Einkaufsbummel in Paris. Das gerade Genannte sollte doch jeder Mutter vergönnt sein!

Bei guter Zusammenarbeit mit dem Ehemann müsste einiges zu erreichen sein. Lies ihm doch einmal dieses Kapitel vor. Ich wette, es wird sein Herz berühren. Wenn du dir darüber hinaus noch Mühe gibst, ihm Gutes zu tun und sein Leben zu erleichtern, sollte jeder zu seinem Recht kommen können.

Selbst wenn dein Mann nicht mitspielen sollte oder du Alleinerziehend bist, musst du noch nicht aufgeben. Du brauchst eine oder mehrere Freundinnen! Das ist für manche Frau nicht so einfach. Es bekümmert mich zu sehen, wie viele einsame Mütter es gibt. Aber du kannst dafür beten. Eine muss den Anfang machen, andere ansprechen, Vorschläge unterbreiten – warum nicht du?

Viele Jahre wohnten wir mit einer weiteren Familie in unserem Haus – eine andere lebte direkt im Nachbarhaus –, bis unsere Familie so groß wurde, dass wir das ganze Haus für uns brauchten. Wir alle hatten kleine Kinder und konnten uns großartig unterstützen. Die Männer ergänzten sich beim Reparieren, denn der eine wusste, wie man mit Elektrizität der andere, wie man mit Holz umgeht. Teure Maschinen, wie zum Beispiel eine Tischkreissäge oder ein Schweißgerät, wurden gemeinsam finanziert.

Wir Frauen nahmen uns die Einkäufe ab, hüteten abwechselnd die Kinder und luden uns gegenseitig zum Essen ein. Es gab immer etwas zu lachen und zu scherzen.

So etwas ist für manche Familien ein Traum, aber nicht immer zu verwirklichen und nicht alle verkraften das enge Zusammenwohnen. Aber warum nicht langfristig planen, zumindest in einem Ortsteil zusammenzuleben und sich beizustehen! In unserer Umgebung wohnten eine Zeit lang fünf Familien aus unserer Kirchengemeinde, so konnten sich die Kinder gefahrlos zum Spielen treffen. Wir brachten die Kinder abwechselnd zum Kindergarten und holten sie auf die gleiche Weise ab. Zur Kinderstunde mussten nicht alle Mütter losziehen. Da unser Großer die Pfadfinder Royal Rangers leitete und bereits einen Führerschein besaß, hatten alle Eltern Grund zu strahlen. Nicht selten kam ein Notanruf: „Du, meine Große hat sich was getan. Ich muss schnell mit ihr zum Arzt. Kann ich den Kleinen bei dir absetzen?" Wie gut, wenn man Freunde hat, die einem in solchen Situationen beistehen.

Der Jüngste meiner Schwägerin ist im gleichen Alter wie unsere Marie. Als sie ein gutes Jahr alt waren, fingen wir an, die Kinder zweimal in der Woche zusammen spielen zu lassen, einmal bei mir, einmal bei meiner Schwägerin. Das bringt einiges, pro Woche einen Vormittag frei zu haben.

Wie schon erwähnt, treffen sich andere Mütter mit ihren Kindern zum Schwimmen. Während eine mit den Kleinen am Planschbeckensitz, können sich die anderen im großen Becken vergnügen. Krabbelkindern tut es sehr gut, nicht nur die Mutter um sich zu haben, sondern im kleinen Kreis erste soziale Außenkontakte zu knüpfen und Bewährungsproben beim Spielen durchzustehen. Und einer Mutter tut es gut, andere Erwachsene um sich zu haben...

Du siehst, mit ein wenig Ideenreichtum und Motivation lässt sich immer etwas arrangieren. Auch unter Müttern gibt es wie überall die Typen, die andere mitreißen und die Mitläufer. Entweder du ergreifst die Initiative und ziehst andere mit oder du hältst Ausschau nach solchen, die unternehmungslustig sind und schließt dich ihnen an. Aber unternehmen solltest du etwas!

Mentale Balance

Mentale Balance meint deine Beweglichkeit, deine Balance in deinem Verstand, deinem Denken. Roste nicht ein, sondern sei immer wieder bereit, Neues zu denken - habe Freude am Lernen! Nimm dir vor, ein Leben lang zu lernen.

Warum betone ich das so?

Weil sich im Alltag zu schnell gedankliche Routine und Trägheit einstellen und man schlussendlich auf der Stelle tritt. Das kann im Berufsleben genauso passieren. Wer sich immer nur in seiner engen Fachkompetenz bewegt, kann zum „Fachidioten" werden, wie man so schön sagt. Die Gehirnnerven brauchen ständig Anregungen, sonst sterben sie langsam ab.

Was würde deinem Kopf gut tun? Vielleicht eine neue Fremdsprache von dem Land, in das du so gern in Urlaub fährst? Oder ein Computerkurs, ein spannendes Fachbuch, irgendeine Fortbildung…?

Worauf beißt du an?

Als ich ganz zu Anfang die vielen Kleinkinder um mich herumhatte, schrie in mir der unbändige Wunsch, bloß nicht in Babybrei und Windeln zu ersticken. Zum Überleben brauchte ich auch etwas für meinen Kopf. Unbedingt! Ich hatte es fast vergessen, aber neulich erinnerte ich mich daran, dass ich als junge Mutter überall im Haus verteilt, da wo ich so meine Still- und Ruheecken hatte, Fachartikel und Bücher verstreut liegen hatte: Theologie, Psychologie, Pädagogik. Das las ich dann kurz und konzentriert und hatte so etwas zum Denken. Ich hatte damals auch den Vorsatz, nur abends, wenn ich ohnehin erschöpft war, Zeitschriften und Romane zu lesen. Der Tag war für Anspruchsvolleres reserviert. Nun gut, das war mein Stil. Du musst deinen finden!

Aber ich stelle fest, dass es einer ganzen Reihe von Frauen so geht wie mir. Das merke ich an den Studentinnen unserer Team.-F Akademie[15]. Wir haben dort viele junge Mütter in der Babyphase, die sich insbesondere für den Studiengang Familie und Erziehung einge-

---

[15] Die Team.F Akademie bietet eine berufsbegleitende Weiterbildung zum Christlichen Ehe- und Familienberater. Siehe www.team-f-akademie.de.

tragen haben. Fast übereinstimmend sagen sie: „Gerade jetzt, wo ich mich freigestrampelt habe von meinem Beruf und mich für einige Zeit ganz der Familie widme, brauche ich unbedingt eine Herausforderung für meinen Kopf." Und Fernkurse, die man zu Hause abarbeiten kann, machen sich nahezu ideal. Ich habe dann immer meine Freude, wenn diese jungen Frauen bei den Präsenzseminaren die Köpfe zusammenstecken. Sie sind ganz ausgelassen, mal für ein Wochenende weg zu sein und die Kinder in der Obhut des Ehemannes oder der Großeltern zu wissen - obwohl manch eine ihr Stillkind mitbringen muss.

Nun sieht mein Leben anders aus. In den letzten Jahren habe ich die verschiedensten Fernkurse absolviert und Fortbildungen besucht, besonders im Bereich Psychologie, Beratung und Coaching. Eine besondere Leidenschaft habe ich für Theologie entwickelt, besonders für die geschichtlichen und kulturellen Zusammenhänge zu biblischen Zeiten. Da kann ich mich nicht satt lesen und tatsächlich die Zeit vergessen - und Eberhard muss mich zum Mittagessen rufen (das er dann auch noch vorbereitet hat!).

Eberhard geht es ähnlich wie mir. Schon immer hat er seinen Horizont erweitert und sich in verschiedenen Richtungen weitergebildet und geforscht: In den letzten zehn Jahren besonders die Familienstrukturen unter den Ureinwohnern in Indien[16]. Und dann habe ich aber gestaunt, wie er sich fast exakt zu seinem 60. Geburtstag mit seiner Forschung zur Promotion in Religionswisschaften an der Uni eingetragen - und drei Jahre später mit Glanz abgeschlossen hat. Sein Argument: „Mein ganzes Leben lang hatte ich keine Zeit, mich einer besonderen mentalen Herausforderung zu stellen, weil Familie,

---

[16] E. Mühlan, Familienstrukturen in Indien. Fremden Kulturen eine christliche Familienlehre bringen, edition afem - mission academics 33. www.muehlan-mediendienst.de.

Team.F und Bücherschreiben meine Zeit verschlungen haben - jetzt gönne ich mir etwas Gutes. Mein Kopf soll niemals einrosten!"

Nun gut, jeder ist anders, die Lebenssituationen sind unterschiedlich. Aber für uns alle ist es wichtig, auf unsere mentale Balance zu achten und bis ins hohe Alter gedanklich rege und aktiv zu bleiben.

Geistliche Balance

Mit der geistlichen Balance ist deine Beziehung zu Gott, deinem Schöpfer und Vater gemeint. In dieser Beziehung ausgewogen zu bleiben und sogar mit den Lebensjahren zu reifen und zu wachsen, gehört wohl zu den großen Geheimnissen wahrer Belastbarkeit. Ich begegne zu vielen Christen, deren geistliches Leben großen Schwankungen unterworfen oder gar von einer zunehmenden Erstarrung gekennzeichnet ist.

Paulus gebraucht häufig das Gegensatzpaar "äußerer Mensch" und "innerer Mensch", um natürliches und geistliches Leben zu beschreiben. Sehr bezeichnend betont er, dass der äußere Mensch mit den Jahren zerfällt, *"aber der innere von Tag zu Tag erneuert wird!"* (2. Korinther 4, 16)

Wie kann man das nur bewerkstelligen?

Ich habe Jesus, wie man unter Christen so schön sagt, schon mit elf Jahren ernsthaft in mein Leben aufgenommen. Ich wollte ihm dienen und ihn mit meinem Leben ehren. Diese persönliche Beziehung zu ihm war und ist mir immer wichtig geblieben.

Ich weiß zum Beispiel noch, wie ich als junger Teenager nachts aufgestanden bin, mich im Mondlicht ans Fenster gesetzt habe – ich traute mich nicht, Licht anzumachen –, in der Bibel gelesen und

Jesus angebetet habe. In mir war eine tiefe Sehnsucht, stets zu wissen, dass Christus in mir ist. Das brachte mich näher zu Gott und ließ mich geistlich wachsen.

Den ersten großen Belastbarkeitstest musste ich bei unserer stürmischen Familiengründung durchstehen. Gerade mal einundzwanzig Jahre alt wurde ich innerhalb weniger Monate an den Rand meines Durchhaltevermögens geführt: Die plötzliche Verantwortung, das ganze Kindergewusel – das alles brachte mich an meine körperlichen und psychischen Grenzen.

Und ich geriet in Panik! Sollten die Skeptiker etwa doch Recht behalten, die von vornherein gesagt hatten: „Ihr seid zu jung! Ihr übernehmt euch. Das werdet ihr nie schaffen!"?

Gleichzeitig stieß ich bei meinen Andachten auf Bibelstellen, die mir sagten: Du kannst es schaffen! Zum Beispiel: *„Ich vermag alles durch den, der mich stark macht!"* (Philipper 4,13). Oder: *„... in diesem allen sind wir mehr als Überwinder durch den, der uns geliebt hat"* (Römer 8,37). Beide Verse sagen, dass Jesus und die Liebesbeziehung zu ihm die Quelle unserer Kraft ist. Darüber hinaus ging mir ein Vers ständig durch den Kopf und machte mich ganz hilflos: *„Freut euch allezeit! Betet unablässig!"* (1. Thessalonicher 5,16).

Damit war mein Hauptproblem angesprochen: Ich eher ernster, pessimistischer Typ soll mich allezeit freuen und unablässig beten? Wie macht man das, wenn man als ungeübte Mutter ständig von sechs kleinen Kindern gefordert wird und nicht mehr weiß, wo einem der Kopf steht? Ich hatte kaum Zeit für eine Andacht – während des Tages groß an Jesus zu denken oder gar zu beten, dazu kam ich nicht.

„Aber genau hier kann die Lösung liegen", sagte ich mir, „wenn es mir nur gelänge, immer mal wieder mit Jesus zu sprechen – mir bewusst zu machen, dass er ja in mir ist –, dann müsste es doch zu schaffen sein!"

So fasste ich einen heroischen Entschluss. Heute schmunzele ich darüber, aber er zeigt, wie ernsthaft ich es gemeint hatte. Ich nahm meinen Küchenwecker, drehte ihn auf sechzig Minuten und immer wenn er klingelte, wollte ich mich für ein paar Minuten ins Wohnzimmer oder in ein anderes Zimmer zurückziehen, um kurz zu beten. „Claudia, so kommst du dem Ziel, ´unablässig zu beten´, wenigstens ein bisschen näher", spornte ich mich an.

Na ja, wer kleine Kinder hat, kann sich schon denken was passierte. Nichts wurde aus meinem großartigen Vorsatz! Kinder mögen ja noch so friedlich spielen, aber ausgerechnet wenn man sich fortschleichen will, geraten sich zwei in die Haare, poltert einer mit Geschrei die Treppe hinunter, will ein anderer etwas zu trinken oder macht die Hose voll.

Ich war frustriert! Fordert uns die Bibel nicht auf, allezeit zu beten? Und ich schaffte es nicht einmal, immer an Gott zu denken. Was machte ich falsch? Ich wusste, ich war auf Gebet angewiesen, weil es meine größte Kraftquelle war. Was fehlte mir, um, wie Paulus es nannte, „allezeit im Geist beten" zu können (Epheser 6,18)? Was meinte der Apostel, als er das schrieb?

Wenig später las ich im Korintherbrief, dass Paulus mit dem „Beten im Geist" das Beten in einer unbekannten Gebetssprache meinte (1.Korinther 14,14). Erfahrene Christen erklärten es mir und beteten mit mir. Bald registrierte ich, dass ich ohne groß nachzudenken tagsüber im Geist betete (manche sagen auch: in Zungen oder in einer fremden Sprache), ohne dass es mich große Anstrengung kostete. Jetzt war es mir möglich auch ohne Küchenwecker den ganzen Tag mit meinem Vater im Himmel in Verbindung zu bleiben. Ich war glücklich, endlich eine Antwort auf meine Not gefunden zu haben. Nun bereitete es mir kaum noch Schwierigkeiten, bei meiner Arbeit zu beten und den ganzen Tag über mit meinem Herrn in Verbindung zu stehen.

Nicht unter Druck setzen lassen

Eine Umfrage über geistliches Auftanken im Alltag junger Familien in der Zeitschrift „Family" hat mir deutlich vor Augen geführt, wie schwer es junge Eltern fällt, geistlich Balance zu halten. Je nach Gemeindetradition gibt es ja auch harte Forderungen nach der täglichen Andacht oder "Stillen Zeit", wie es in manchen Kreisen genannt wird. Da lässt sich manch einer unter einen ungesunden geistlichen Druck setzen, und viele Christen laufen ständig mit einem schlechten Gewissen herum.

Ein schlechtes Gewissen ist das Letzte, was ich mit meinen Ratschlägen erreichen will. Bibellesen und Beten sind schön und wichtig, aber natürlich gibt es auch Zeiten, da bleibt kaum Zeit für geistliche Übungen: Wenn gerade ein Baby geboren wurde, ein Kind krank ist oder sowieso alles drunter und drüber geht.

Meinst du, Gott führt eine Strichliste über absolvierte Andachtsstunden und straft dich mit Missachtung, wenn du wirklich nicht dazukommst? Nein, ihm kommt es zuerst auf die Beziehung zwischen euch an – und die kannst du auch im größten Stress aufrechterhalten!

Inzwischen kenne ich alle Varianten: Zeiten, in denen mich in meiner Begeisterung nichts davon abhalten konnte, die Bibel zu lesen und zu beten – aber auch Tage absoluter Lustlosigkeit oder totaler Müdigkeit, an denen ich die Bibel nicht angerührt habe (und dann natürlich wie viele andere, mit schlechtem Gewissen herumgelaufen bin). Oder Zeiten, in denen es so viel zu tun gab, dass ich einfach nicht dazu gekommen bin.

Wenn das vorüber war, hatte ich interessanterweise wieder Lust in der Bibel zu schmökern. So habe ich mit den Jahren gelernt, eine gemäßigte Disziplin einzuhalten und mit diesen Höhen und Tiefen zu leben.

Inzwischen weiß ich, dass jeder – natürlich auch typbedingt – seinen eigenen Andachtsstil hat: Es gibt den gewissenhaften, beständigen Typ, der sich bei Regelmäßigkeit wohl fühlt, jedoch auch den unbeständigeren, der Abwechslung braucht. Der erste Typ muss sich vor langweiliger Routine und Gesetzlichkeit hüten, der zweite darauf achten, dass er nicht zu oberflächlich wird. Zu welchem Typ gehörst du?

Wenn es hart auf hart kommt, nimm dir deinem Typ und den Umständen entsprechend ein Minimalprogramm vor. Wirklich wichtig finde ich tägliche Gebetszeiten, möglichst zusammen mit dem Ehepartner!

Und praktiziere, was mich seit vielen Jahren geistlich fit hält. "Jesus mit in den Tag nehmen!", sage ich dazu. Was du auch gerade tust, du kannst dir Jesus immer vor Augen halten und mit ihm sprechen: Beim Staubsaugen oder Autofahren, beim Kinderkarre schieben, unter der Dusche oder in der langen Schlange vor der Kasse im Supermarkt…

Einige kleine Tipps können dir helfen, deinen guten Vorsätzen treu zu bleiben: Schalte das Radio im Auto oder in der Küche lieber aus und nutze die Zeit bewusst, um mit Jesus zu sprechen. Ich lege mir manchmal die aufgeschlagene Bibel ins Wohnzimmer und schaue mir im Vorbeigehen noch einmal die Verse meiner „Stillen Zeit" an. Andere pflastern die Badezimmertür von innen mit Bibelversen, die sie bei ihren „Sitzungen" gezwungenermaßen studieren müssen; andere ziehen den Spiegel, den Platz über der Spüle oder die Kühlschranktür vor.

Beeindruckt hat mich die Aussage einer eifrigen jungen Mutter: „Ich will Jesus die beste Zeit des Tages schenken – und das ist, wenn mein kleiner Johannes schläft. Es juckt mir in den Fingern, endlich ungestört die notwendigen Hausarbeiten zu erledigen. Aber nein, ich setze mich hin und hinterher geht es umso besser."

Singe viel und plaudere mit Jesus, aber achte darauf, dass er zwischendurch auch zu Wort kommt und dir etwas sagen kann. Dieser Lebensstil kann fruchtbarer sein als eine Pflicht-Morgenandacht, nach der man Jesus für den Rest des Tages vergisst.

Durch Krisen wachsen

Ich weiß, Jesus ist bei mir und gibt mir Kraft. Davon lebe ich, Tag für Tag. Meinst du, deswegen liefe alles glatt und es gebe keine Schwierigkeiten?

Im Leben jedes Menschen gibt es Zeiten, in denen es nicht so klappt, wie man es sich ausgemalt hat, so genannte Testsituation – man kann auch von Krisen sprechen. Wir mögen sie alle nicht – aber wenn du sie erfolgreich bestanden hast, bist du ein Stück belastbarer und reifer geworden.

Von zwei unserer bisher härtesten Erprobungssituationen habe ich schon berichtet: Meiner Erschöpfungsdepression und Eberhards Herzinfarkt. Durch sie haben wir viel über uns selbst und über Gottes Gnade gelernt, und wir sind geistlich wesentlich stärker gewachsen, als wenn in unserem Leben alles glattgelaufen wäre.

Meistens weißt du gar nicht, wie du wirklich reagieren wirst, wenn eine Katastrophe über dich hereinbricht. Hätte ich alles vorher gewusst, wäre ich in Panik unter den Tisch gekrochen und hätte gewimmert: „Das halte ich niemals durch!"

Eins will ich dir vor allem mitgeben: In plötzlichen Krisensituationen zehrst du davon, wie du vorher gelebt hast und was du an Glaubenszuversicht aufgebaut hast. Und wenn sie bestanden sind, bist du ein anderer Mensch!

Wir hatten eine Reihe von Familienjahren, in denen das meiste glatt lief; so ein richtiges „Bilderbuch- Leben". Wir kamen uns auch ganz toll vor. Interessanterweise hatte Eberhard bei unseren gemeinsamen Gebetszeiten immer wieder den gleichen Eindruck: „Vertieft eure Beziehung zu Jesus jetzt, wo es euch gut geht, denn es werden auch Zeiten kommen, in denen ihr darauf angewiesen seid!" Das haben wir uns Herzen genommen.

Wenn alles im Leben glatt läuft, neigt man eher dazu, das Bibellesen und die Gemeinschaft mit Gott nicht so ernst zu nehmen. Wenn allerdings Probleme auftauchen, schreien wir zum Herrn. „Not lehrt beten", sagt ein beschämendes Sprichwort. Aber was für ein geistlicher Stand ist das? Weil man nicht gelernt hat, ein beständiges Glaubensleben zu führen und Gottes Verheißungen zu vertrauen, gerät man trotz flehender Gebete in Panik, steckt voller Zweifel und Unglauben und gibt zum Schluss womöglich Gott die Schuld.

Eberhards Herzinfarkt traf mich völlig unerwartet wie ein Schlag. Plötzlich musste ich mich mit dem Gedanken abfinden, unsere große Familie allein durchzubringen, musste sein Büro auf dem Laufenden halten, alle seine Termine absagen und geschockte Kinder trösten. In den ersten Tagen verbrachte ich Stunden an seinem Bett auf der Intensivstation. Die Ärzte waren sehr zuvorkommend, aber sie hatten wahrscheinlich den Eindruck, ich hätte den Ernst der Lage nicht ganz begriffen. „Frau Mühlan, es steht sehr ernst um Ihren Mann. Wir wissen nicht, ob wir ihn durchbekommen werden", sagten sie immer wieder zu mir. Ich erschien ihnen wohl zu ruhig und gefasst.

Aber weißt du, was sich in mir abspielte? Ich wusste: Christus ist in mir! Gott hat die Kontrolle! Was er auch tun wird, es ist richtig!

Jesus gab mir wirklich Ruhe für meine Seele. Ich kam mir vor wie in einer sicheren Burg. Ich staunte über mich selbst. Das war die überwältigende Gnade Gottes, aber auch die Frucht unseres beständigen Lebens mit Christus.

In den Tagen danach verlor ich mein Baby; ich war im vierten Monat schwanger. Glücklicherweise brachte meine Freundin mich in dieselbe Klinik, in der Eberhard lag. Als Eberhard das erfuhr, ließ er keine Ruhe, bis er im Rollstuhl vorsichtig an mein Bett geschoben wurde. Das Bild hättest du sehen müssen: Wir beiden lädierten Menschen, glücklich, dass wir uns an den Händen halten und ohne Worte trösten konnten.

Gott ersetzte uns das verlorene Baby, ich wurde wieder schwanger. Die Entbindung verlief ohne Komplikationen. Überglücklich hielt ich ein kleines, süßes Mädchen mit feuchten schwarzen Haaren in den Armen. Wir scherzten mit der Hebamme, einer guten Freundin von mir, und prosteten uns mit einem Glas Sekt zu. Dann wurde ich in mein Zimmer geschoben. Eberhard fuhr nach Hause.

In der Nacht wachte ich auf und spürte: Irgendetwas stimmte nicht. Ich schwamm in meinem Blut und merkte, wie ich langsam am Abtreten war. Ich schaffte es noch, auf den Klingelknopf für die Nachtschwester zu drücken. Dann ging alles sehr schnell. Das Not-OP-Team wurde zusammengerufen, die Ärzte versuchten, die Blutung zum Stillstand zu bringen. Es gelang ihnen nicht, sie wollten operativ eingreifen und leiteten eine Narkose ein. Mittendrin spürte ich, wie sie – klatsch, klatsch – versuchten, mich mit Ohrfeigen wach zu bekommen: „Frau Mühlan, wir schaffen es nicht. Wir müssen ihren ganzen Unterleib ausräumen. Aber auch das ist sehr risikoreich."

Was meinst du, wie mir da zu Mute war? Oben tröpfelte es aus der Blutkonserve hinein und unten noch schneller heraus. Ich betete im Geist. Das war das Einzige, wozu ich in der Lage war. Wieder stellte ich erstaunt fest, dass ich gelassen blieb und Jesus bei mir wusste. „Rufen Sie erst einmal meinen Mann und versuchen Sie, diesen Eingriff so lange wie möglich hinauszuzögern", erwiderte ich.

Da sie sich ohnehin nicht sicher waren, ob ich die Operation überleben würde, setzte sich das OP-Team um mich herum und warteten. Nebenan hockte Eberhard und betete, und meine liebe Hebammen-Freundin hatte sich eine zweite Freundin geholt, und sie unterstützten ihn.

Nach einer Weile sagte einer der Ärzte: „Ich glaube, das Blut hört auf zu laufen." Kopfschüttelnd, aber sehr erleichtert schoben sie mich in mein Zimmer zurück, behielten mich aber gut im Auge.

Ich habe dir das wirklich nicht erzählt, um zu prahlen – meine Reaktion verblüffte mich ja selbst –, sondern um dir unvergesslich deutlich zu machen, wie wichtig es ist, deine Beziehung zu Jesus ständig zu vertiefen.

Natürlich habe ich mich mit Fragen herumgeschlagen wie: „Warum passiert so etwas? Wieso lässt Gott das zu?". Ich fand keine vernünftigen Antworten, außer dass Gott sich ganz bestimmt etwas dabei gedacht hat, was ich zwar jetzt noch nicht kapiere, aber vielleicht später erkenne.

Aus dem „Wieso?" habe ich beim Grübeln dann ein „Wozu?" gemacht, das konnte ich eher beantworten: Eberhard, der Draufgänger, hätte ohne einen radikalen Einschnitt kaum eingesehen, dass er seinen Lebensstil ändern musste. Er hat es getan, arbeitete von da an wesentlich gelassener und meines Ermessens nicht weniger erfolgreich.

Ich lernte Jesus unvergesslich von einer neuen Seite kennen: Nämlich als den Friedefürst, als Fels, auf den man selbst angesichts des Todes sicher stehen kann. Die Erfahrung, dass Gott in einer Krise so greifbar nahe ist, dass man nicht in Panik geraten muss, kann mir niemand mehr rauben. Das hat mich geistlich wachsen lassen und wesentlich zuversichtlicher und belastbarer gemacht.

Lass mich noch einmal den Satz von vorhin wiederholen: In plötzlichen Krisensituationen zehrst du davon, wie du vorher gelebt und was du an Glaubenszuversicht aufgebaut hast. Und wenn sie bestanden sind, bist du ein anderer Mensch!

Alles, was ich in diesem Kapitel geschrieben habe, zielt darauf ab, dich zu ermutigen und anzuspornen, Balance zu halten und zu wachsen. Lernst du Belastbarkeit, wirst du den Herausforderungen deines Lebens anders begegnen können, als wenn du einfach in den Tag hinein lebst.

Den Alltag besser organisieren

Ich denke, ich habe dir ganz schön Appetit auf ein ausgeglichenes, belastbares Leben gemacht. Trotzdem sagst du dir vielleicht: „Die Ideen sind ja ganz gut, aber wo soll ich nur die Zeit und die Energie hernehmen, um sie auszuführen?"

Meine Antwort: Indem du dir Ziele setzt und deinen Alltag besser organisierst! Na klar, da sind Mütter von ihrem Typ her sehr unterschiedlich. Es gibt die mehr strukturierten, die aufblühen, wenn sie mit Listen und Plänen hantieren können und die mehr kreativen, die es lieber spontan und abwechslungsreich gestalten. Ich bin wohl mehr zu den strukturierten zu zählen, und dennoch müssen wir alle einen Mittelweg finden. Mal sehen, was dir an den folgenden Tipps und Ideen gefällt?

Nicht so viel Zeit vertrödeln!

Es ist nicht so leicht, aus seinem Trott auszubrechen. Je lustloser du an bestimmte Arbeiten herangehst, desto länger dauert es, bis sie erledigt sind. Im Haushalt kann viel Zeit vertrödelt werden. Besonders für die Sachen, die dir am schwersten fallen – vielleicht die Wäsche, der Einkauf, putzen oder kochen – brauchst du einen Plan, damit du schnell damit fertig bist und dich wieder angenehmeren

Dingen zuwenden kannst. Ist es nicht so, dass du gerade an diesen lästigen Arbeiten ewig herumwurschtelst und dir damit den ganzen Tag verdirbst?

Überlege einmal: Was sind deine „Lust-" und „Zeit- Killer"?

Wenn du mich damals gefragt hättest: Die Schularbeiten der Kinder, einkaufen, Arztbesuche, die ewige Bückerei nach herumliegenden Sachen, Gardinen waschen, Fenster putzen, mit dem Staubsauger immer wieder an den gleichen Stellen entlangmarschieren...

Du wirst wahrscheinlich eine andere Liste aufstellen. Sei ehrlich, gib zu: „Ja, das hängt mir zum Halse raus..." Aber, was hilft's, gemacht werden muss es doch. Dann bring es doch so schnell und effektiv wie möglich hinter dich!

Bei einem guten Zusammenspiel kann dein Ehepartner dir einiges abnehmen. Bei uns betreute Eberhard die Schulangelegenheiten der älteren Kinder, ich die der Grundschüler. Der Gemüsegarten stand unter seiner Verantwortung und der Ziergarten unter meiner. Auch bei Großeinkäufen führte Eberhard häufig die Regie. Genauso müssen Kinder lernen, ihren Teil zum Familienalltag beizutragen. Dennoch bleibt genug für uns Mütter übrig.

Was ich dir sagen möchte: Es hilft absolut nichts, zu jammern und die ungeliebten Arbeiten vor sich herzuschieben. Stell lieber eine vernünftige Planung auf, wie du alles unter einen Hut bekommst. Ähnlich wie eine freie Unternehmerin hat eine Vollzeit-Hausfrau jeden Tag neu zur Verfügung. Die Arbeit ist zwar vorgegeben – oftmals immer wieder dieselben Handgriffe –, aber der Zeitrahmen kann weitgehend selbst bestimmt werden.

Früher habe ich nicht so viel von Planung gehalten. Ich liebte es spontan und meinte, alles im Kopf zu haben – bis ich einsah, dass ich tatsächlich viel Zeit für angenehmere Dinge und vor allem für meine Kinder und andere Menschen gewinne, wenn ich Mahlzeiten, Einkäufe, Haushaltsarbeiten und Kinderangelegenheiten besser koordiniere und plane. Doch dabei braucht man nicht zum Sklaven der eigenen Terminplanung werden. Oberstes Motto bleibt nach wie vor: „Menschen sind wichtiger als Dinge!" Selbstverständlich wirst du das angesetzte Fensterputzen sausen lassen, wenn deine Freundin anruft und dir ihr Herz ausschütten will. Aber es mag auch Vormittage geben, wo du dir sagst: „Keine belanglosen Telefonanrufe, jetzt wird die Arbeit durchgezogen!"

Mit Planung lebt sich's besser!

Natürlich habe ich Zeitplan Bücher gelesen und weiß über lang-, mittel- und kurzfristige Ziele Bescheid. Da geht es zum Beispiel um Pläne, die du dir für ein Jahr, einen Monat, eine Woche oder den nächsten Tag machst. Manche Frauen leben mit einer genauen Agenda und haben Freude daran, alle Aufgaben penibel zu notieren und abzuhaken sowie sich regelmäßig Rechenschaft darüber abzulegen, wie Sie ihre Zeit verbracht haben.[17]

Ich denke, das ist für die meisten Mütter nicht nötig. Lass mich einmal berichten, wie ich meine Arbeit und meine Zeit in der heißen Phase unseres Familienlebens eingeteilt habe. Damals bekam ich einen Telefonanruf: „Claudia, kannst du nicht erzählen, wie du deinen Tag planst? Ich komme einfach nicht durch!"

Nun gut, der Alltag und die Kinderzahl sahen bei mir wohl anders aus als jetzt bei dir, trotzdem wirst du vielleicht einige Ideen übernehmen können.

---

[17] Wenn du es detaillierter wünschst, dann ist das Buch von Bleier/Schilling, Besser einfach - einfach besser. Das Haushalts-Survival-Buch, SCM, voller guter Ideen.

Als erstes besorgte ich mir einen Terminer mit übersichtlichen Wochenplänen und herauslösbaren Vordrucken für Listen und Notizen – in Brieftaschengröße, damit er in meine Handtasche passte. Die unübersichtliche Zettelwirtschaft sollte endlich ein Ende haben. Kennst du das: Hier ein Zettel mit einem Zahnarzttermin, dort einer mit einer Adresse oder ein Geburtsdatum und irgendwo noch die angefangene Einkaufsliste...? Und wenn man's braucht, ist nichts zu finden.

Es schont die Nerven und spart Zeit, alles beieinander zu haben. Die Einkaufsliste in meinem Terminer ergänzte ich ständig, wenn mir etwas einfiel, und zum Einkaufen riss ich den Zettel einfach heraus. Auch feste Termine, von denen ich nicht wenig hatte, trug ich ein: Krankengymnastik, Nachhilfe, Terminänderungen für die Klavierstunde, Besuche, Seelsorge… Es kostet erst ein wenig Überwindung, bis man sich daran gewöhnt hat, aber dann kann man sich manchen Patzer ersparen.

Eine große Erleichterung brachte mir der „Geburtstags-Kalender", ein zeitloser Jahresplan für diese wichtigen Tage. Ich vergaß doch immer wieder, jemandem rechtzeitig zu gratulieren... Einmal gewissenhaft mit allen Daten von Verwandten, Bekannten und Freunden gefüttert, werden alle hocherfreut sein, dass du sie nicht vergisst – vorausgesetzt, du schaust regelmäßig in deinen Kalender.

Übrigens, wenn du bei deinen Einkäufen immer die Augen für kleine, originelle Geschenke offen hältst, hast du stets etwas zur Hand, wenn ein Geburtstag naht oder du ein „Mitbringsel" brauchst. Die Geschäfte mit den Ein-Euro-Artikeln sind eine tolle Fundgrube. Ich habe stets eine halbe Kommode voll und sorge beständig für Nachschub. So kann ich immer aus dem Vollen greifen und mir das nervige Gerenne kurz vor einem Geburtstag ersparen. Und bei inzwischen mehr als zwanzig Enkelkindern bin ich ganz gut eingespannt…

Am Sonntagnachmittag, spätestens am Montagmorgen, schlug ich die neue Woche auf und überprüfte bzw. notierte die festen Termine, zum Beispiel: Dienstag, 10:00 Uhr – Krankengymnastik (Marie geht zu Sören), Mittwochnachmittag – Schuhe kaufen mit Mirke, Freitagvormittag – Schwimmen.

Unter „Notizen" schrieb ich auf, was ich in der neuen Woche über den alltäglichen Kram hinaus im Haushalt erledigen wollte: Gardinen waschen, Teppich schamponieren, alle Regale gründlich abstauben... Manchmal musste ich die Dinge, die ich in der Woche zuvor nicht geschafft hatte, in die neue Woche übertragen. Es war jedoch eine große Genugtuung, wenn ein Posten erledigt war und auf der Liste durchgestrichen werden konnte.

Du siehst, ich hatte keinen täglichen Stundenplan, sondern einen wöchentlichen Erinnerungsplan, der mir zwar vor Augen hielt, was zu erledigen war, mir aber genügend Flexibilität ließ auf die Bedürfnisse anderer und auf meine eigene Stimmungslage einzugehen. Denn wenn es mir wirklich mies ging, pickte ich mir nicht die schwersten Arbeiten aus meinem Wochenplan heraus.

Eine interessante und nachahmenswerte Variante habe ich bei einer Familie im Flur gesehen: Ein großer Wochenplan, in dem alle regelmäßigen Termine und Verpflichtungen der Eltern und Kinder eingetragen werden. So weiß jeder Bescheid, was gerade läuft und kann seine neuen Termine darauf abstimmen.

Ein Mahlzeiten-Wochenplan

Was hältst du davon, einen Mahlzeitenplan für die ganze Woche aufzustellen? Aber bitte nicht einen, nach dem du die Wochentage benennen kannst, weil es stets das Gleiche zu essen gibt. Er sollte schon über sieben regelmäßig wiederkehrende Standardgerichte hinausgehen.

Manchmal habe ich in die Kinderrunde gerufen: „Sagt, mal was wollt ihr nächste Woche essen?", habe die Vorschläge gesammelt und auf die einzelnen Tage verteilt.

Es gibt kaum etwas Uneffektiveres, als Tag für Tag planlos irgendetwas zu kochen und nach den Zutaten zu rennen. Eine Vorausplanung der Mahlzeiten und die entsprechende Vorratshaltung sparen Zeit und Geld. Ich fahre etwa einmal in der Woche einkaufen, aber dann richtig und kann dabei manches Schnäppchen machen.

Noch ein guter Tipp: Koche doch bei manchen Mahlzeiten einfach die doppelte oder dreifache Menge und friere die Portionen ein. So kannst du häufig auf eine fertige Mahlzeit zurückgreifen und sparst Zeit. Gerade, wenn ohnehin nur für wenige Personen gekocht werden muss, bietet sich das an: Für gleich drei oder vier Mittagessen nur einmal einkaufen, Gemüse putzen, Töpfe und Küche schmutzig machen – ist das nichts?

Selbst bei den damals rund dreizehn Personen, für die ich täglich gekocht habe, habe ich bei bestimmten Gerichten die doppelte Menge zubereitet, um sie einzufrieren.

Eine meiner Freundinnen hat endlich mit der Planung angefangen: Sie fragt die Kinder nach ihren Wünschen und hängt dann den Mahlzeiten-Wochenplan in die Küche. Wenn jemand bei einer Mahlzeit meckert, weist sie gelassen auf den Plan: „Nur nicht aufregen, dein Lieblingsgericht kommt auch noch dran!"

„Jetzt macht es mir wieder mehr Spaß zu kochen. Mit der Planung fühle ich mich viel sicherer und kann so auch besser mit der Nörgelei der Kinder umgehen", meint sie.

Ein typischer Tagesablauf

Wie sah ein typischer Tagesablauf bei mir aus? Normalerweise setzte ich mich um viertel vor sieben an einen gedeckten Frühstückstisch. Der Tischdienst war unter den Schulkindern aufgeteilt. Danach hatten Eberhard und ich, sofern er da war, eine kurze Gebetszeit und sprachen die anliegenden Dinge für den Tag durch.

Und dann legte ich los: Tisch abräumen, Küche herrichten, fegen, saugen, Wäsche waschen, trocknen und zusammenlegen, aufräumen... Das kennst du ja auch alles. Ich hatte zwar in den meisten Jahren eine Hilfe, aber dafür auch einen großen Haushalt zu bewältigen: Dreizehn Personen (die Höchstzahl an Kindern im Haus war elf, als die Jüngsten geboren wurden, waren die ältesten schon flügge), und zehn Zimmer und einen großen Garten. Mein Ziel war, vormittags den alltäglichen Kram und die periodisch anfallenden Arbeiten zu schaffen. Da erst um halb zwei Mittagessen war, schafften wir das normalerweise. Nachmittags wollte ich nach einer kurzen Mittagspause für die Kinder da sein oder Arbeiten erledigen, an denen sie teilnehmen konnten: Einkäufe, Gartenarbeit, Näharbeiten...

Nach so einem Tag mochte ich abends grundsätzlich nicht mehr arbeiten. Diese Zeit war für mich, für Eberhard oder die großen Kinder reserviert – wenn wir nicht gerade andere Verpflichtungen hatten.

Jetzt habe ich hauptsächlich die Situation einer Vollzeit-Mutter angesprochen, von denen es ja heute nicht mehr so viele gibt. Die Situation von Teilzeit- oder voll berufstätigen Müttern und Alleinerziehenden sieht ja ganz anders aus.

Aber wenn - was besonders für die Baby- und Kleinkindjahre wünschenswert ist - die Mutter schon den ganzen Tag zu Hause ist, plädiere ich dafür, dass sie ihren Tag so einteilt, dass sie die Hausarbeit schafft und nicht noch dem berufstätigen Ehemann nach Feierabend lästige Arbeiten wie vielleicht das Staubsaugen auflastet. Da bleiben noch genügend "Männerarbeiten" wie Reparaturen, Gartenarbeiten oder Großeinkäufe. Für einen voll berufstätigen Mann wünsche ich, dass er nach Feierabend vor allem Vater für seine Kinder sein kann, die er schließlich den ganzen Tag nicht um sich hatte. Um seine Frau spürbar zu entlasten, sollte er ihr die Kinder wirklich abnehmen: Mit ihnen spielen, Schularbeiten nachsehen, Vokabeln üben, die Kleinen wickeln, knuddeln und ins Bett bringen. Das kann eine Zeit werden, wo die Mutter sich ein wenig von dem Kinderkram erholen kann.

Ich kann sehr gut nachempfinden, was für ein Chaos Kleinkinder in einer Wohnung anrichten und wie stark Säuglinge einen von der Hausarbeit abhalten können. Trotzdem kann ein Haushalt mit der richtigen Planung und Motivation tagsüber bewältigt werden und der Abend fürs Familienleben gestaltet werden.

Wenn beide Ehepartner berufstätig sind, liegt eine ganz andere Situation vor. Da ist es nur selbstverständlich, dass die anfallenden Hausarbeiten gerecht aufgeteilt werden. Aber gerade so ein Paar benötigt gute Absprachen und eine gute Planung, um über die Runden zu kommen.

Neulich sprach ich mit einer allein erziehenden Mutter, die halbtags berufstätig ist, während ihre zwei Kinder im Kindergarten und in der Grundschule sind. Sie sagte: „Ohne Terminer und Zeitplanung wüsste ich gar nicht, wie ich durchkommen sollte! In den letzten Monaten habe ich damit geschludert. Es blieb nicht nur eine Menge Arbeit liegen, ich war auch unzufrieden mit mir. Jetzt plane ich wieder, einmal in der Woche richtig einzukaufen und stelle ein Wochenplan für unsere Mahlzeiten auf. Ohne diesen Plan habe ich nicht so gesundheitsbewusst gekocht. Ich komme jetzt nicht nur besser mit meiner knappen Zeit durch; ich bin auch stolz, dass ich neben meinem Beruf noch einen Haushalt meistern kann. Seltsam, im Berufsleben ist man ständig dabei zu organisieren und Aufgaben effektiver zu erledigen, und zu Hause neigt man dazu, den Karren planlos laufen zu lassen…"

Ideen muss man haben!

Ich freue mich immer über Mütter, die sich etwas einfallen lassen, damit ihr Alltag nicht dröge wird und die Arbeit flotter erledigt ist. Von ihnen kann man lernen.

Gemeinsam geht es besser

Begeistert war ich von einem Artikel in der Frauenzeitschrift „Lydia". Dort berichten zwei Frauen, dass sie hin und wieder ihre Wohnungen zusammen putzen. Erst die eine und dann die andere Wohnung. Ein herrlicher Einfall!

"Wir haben schon einige Kilometer Fußböden geschrubbt, etliche Schränke verrückt, aus- und wieder eingeräumt, abgestaubt und eingewachst, quadratmeterweise Teppiche abgebürstet, Riesenflächen von Fenster geputzt und noch so einiges mehr – es ist uns niemals langweilig gewesen, denn wir konnten ja nebenher immer so herrlich miteinander ´ratschen`. Das gemeinsame Gebet schließt uns jedes Mal vor Gott zusammen, und wir wissen, dass wir mit unseren Treffen etwas bewegen, das unseren Familien nur zugutekommen kann!"

Ihr könnt natürlich auch im Garten gemeinsam arbeiten. In der einen Woche rückt ihr dem Unkraut in deinem Garten zu Leibe und in der anderen bei dem deiner Freundin. Was hältst du davon, zu zweit Marmelade zu fabrizieren oder Mahlzeiten vorzukochen und einzufrieren?

Dein „Maschinen- Park"

Was Haushaltsgeräte betrifft, haben wir es im Vergleich zu unseren Großeltern viel leichter. Ich darf mir gar nicht vorstellen, wie hart früher eine Mutter mit meiner Kinderzahl arbeiten musste! Allein die Vorstellung, ich müsste all unsere Wäsche in einem Kübel kochen, sie durchrühren, auswringen, aufhängen, runterholen, bügeln...

Und dann eine Vorratshaltung ohne Kühlschrank und Tiefkühltruhe – unvorstellbar!

Also, liebe Mütter, lasst uns ein Danklied singen, dass wir in der heutigen Zeit leben und alle sinnvollen Erleichterungen ausnutzen können.

Ich bin Eberhard dankbar, dass Haushaltsgeräte nie ein Streitthema waren und ich damit immer auf dem neuesten Stand bleiben konnte. Nach wie vor soll es Männer geben, die ganz schnell dabei sind, das neueste Navi oder Smartphone zu kaufen, aber nicht darauf kommen, wie stark Haushaltsgeräte das Leben ihrer Frau erleichtern können.

Denkt sachlich durch, was deine Hausarbeit effektiv erleichtern kann und dann spart nicht an der falschen Stelle. Teilt euer Familieneinkommen klug ein. Manch andere Ausgaben können wirklich warten oder sind nicht so nötig. Vielfach ist es eine Frage der Prioritäten und des Anspruchs. Wer's hat, kann sich alles gleichzeitig leisten. Wer`s nicht hat, muss Prioritäten setzen. Mich wurmt es jedenfalls, dass Arbeitserleichterungen für Hausfrauen manchmal an letzter Stelle stehen.

Überlegt einmal, ob es bei eurem Familieneinkommen möglich ist, einen kleinen Posten für eine Putzhilfe abzuzweigen. Sich einmal in der Woche die Grundreinigung machen zu lassen, kann eine enorme Erleichterung sein. Gerade Müttern, die solche Arbeiten sehr ungern erledigen, kann das wieder zu neuer Lebensfreude verhelfen. Selbst bei einem durchschnittlichen Gehalt ist es nicht unmöglich. Man muss halt auf etwas anderes verzichten.

„Kindertausch"

Kleine Kinder sind meistens die große Bremse, wenn du flott an deine Hausarbeit gehen möchtest. Deshalb denke doch einmal über den „Kindertausch" nach, den ich schon erwähnt habe. Gerade bei Kleinkindern, denen man einen täglichen Kita-Besuch noch nicht zumuten möchte, bietet es sich an, sie einige Tage in der Woche jeweils für ein paar Stunden der Obhut der einen Mutter zu überlassen während die andere dafür frei hat.

Ältere Kinder können auch mal woanders übernachten – ein Wochenende ohne Kinder, das ist eine Erholung! Während der Schultage erlaubte ich zwar keine „Schlafgäste" und kein Auswärtsschlafen, damit die Kinder für die Schule fit blieben, aber am Wochenende und in den Ferien war bei uns ein ständiges Kommen und Gehen. In jedem Kinderzimmer stand eine zusätzliche Schlafmöglichkeit bereit. Einige Besucher hatten schon ihre eigene Bettwäsche deponiert, die sie sich jedes Mal selbst aufzogen, wenn sie kamen. Ich hatte wenig mit den jungen Gästen zu tun. Meine Kinder wussten genau, dass sie die Gastgeber waren und sorgten dafür, dass ein Handtuch bereit lag und der Gast sich auch sonst wohl fühlte.

Wenn Eberhard und ich dann tatsächlich ein Wochenende (fast) für uns hatten, machten wir so richtig einen drauf –, durch die Stadt bummeln, ins Kino gehen, hinterher noch in ein nettes Restaurant, und wenn wir dann endlich zuhause waren, dachten wir noch lange nicht an schlafen…

Du siehst, es lohnt sich einen guten Freundeskreis aufzubauen. Das ist natürlich nicht leicht und bei den falschen Freunden kann man sich mehr Probleme einhandeln als Erleichterung bekommen. Aber ich empfehle dir, stets die Augen offen zu halten und für befreundete Familien zu beten; du brauchst sie!

Ich denke, zu viele Familien leben zu isoliert. Selbst der Zusammenhalt unter Verwandten ist nicht mehr so, wie er früher war. Große Entfernungen zu Eltern und Geschwistern machen es schwer, sich gegenseitig zu helfen. Deswegen muss das, was die Verwandtschaft sonst auffängt, von guten Freunden und der Kirchengemeinde getragen werden.

Mitarbeit von Kindern

Für mich ist klar: Hausarbeit ist nicht nur meine Sache. Jeder, der in einer Familie lebt, hat seinen Teil zum reibungslosen Ablauf beizutragen. Von einem „Hotel Mama", in dem sich die Kinder von vorn bis hinten bedienen lassen, halte ich überhaupt nichts.

Denke daran: Nicht nur Mädchen, auch Jungen tragen ihren Teil Verantwortung. Schließlich möchtest du doch deinen zukünftigen Schwiegertöchtern einmal in die Augen schauen können! Wie kannst du das, wenn deine heranwachsenden Jungen als kleine Paschas keinen Finger rühren müssen?

Betrachte das Mithelfen deiner Kinder also nicht vordergründig nur als Arbeitserleichterung für dich, sondern erkenne die weitreichenden Folgen für Ihre Persönlichkeitsentwicklung. Möchtest du, dass dein Kind Hilfsbereitschaft, Ausdauer und Selbstständigkeit erwirbt, dann gib ihm Aufgaben, bei denen es diese Tugenden erlernen und anwenden kann. Der ideale Rahmen ist die Mitarbeit in der Familie. Ich will einmal umreißen, wie die Mitarbeit von Kindern ab etwa Schulalter in unserer Familie aussah:

Einmal in der Woche hatte ein Kind einen ganzen Tag Küchendienst. Mit dem Eintritt in die Schule wurde es in diese Aufgabe eingeführt. Dazu gehörte, dass es den Tisch vollständig deckte, einschließlich Wurst- und Käseplatte, ihn nach dem Essen abräumte, das schmutzige Geschirr in den Geschirrspüler stellte und das saubere in die Regale und Schränke.

Die Kinder leerten die Papierkörbe in ihren Zimmern aus. Sie brachten ihre Schmutzwäsche an die Waschmaschine und räumten die saubere Wäsche selbstständig in ihre Schränke ein. Die Teenagermädchen waren allein verantwortlich für die Ordnung in ihrem kleinen Bad. Die Kinder hielten ihr Zimmer eigenständig in Ordnung, putzten ihre Schuhe selbst und achteten an ihrem Platz in der Garderobe auf Ordnung. Ja, ich weiß, Ordnung ist ein dehnbarer Begriff. Für mich hieß es, es lagen keine Sachen wild auf dem Boden herum.

Allen Kindern war klar, dass sie ihren Teil Verantwortung trugen, damit der Familienalltag rund lief. Für uns ist dies von Anfang an ein klar formuliertes Erziehungsziel gewesen. Tatsächlich ist es zu einer nahezu selbstverständlichen Haltung bei den Kindern geworden.

Ich weiß, dass wir mit unserer großen Familie und dem tollen, großen Grundstück eine Ausnahme darstellen. Aber vielleicht kannst du dir doch etwas abgucken.

Altes Haus, großes Grundstück, Garten, Tiere - da hörte die Arbeit nie auf. Deshalb trafen wir in unserer Familienrunde klare Absprachen. Zu den schon genannten regelmäßigen Hausarbeiten kam noch ein (fast) wöchentlicher Arbeitsnachmittag für gut zwei Stunden, an dem der Hof gefegt oder Laub geharkt wurde, dem Unkraut zu Leibe gerückt, ein gründlicher Hausputz gemacht wurde oder was sonst der Familienalltag erforderte. Der Abschluss war in der Regel ein fröhliches Festessen.

Damit war noch nicht alles erledigt. So schrieb Eberhard weitere Arbeiten aus und bezahlte sie. Das waren außergewöhnliche Leistungen, und wenn ein Kind bereit war seine Freizeit zusätzlich zu opfern, sollte es dafür entschädigt werden. Da bei uns immer irgendjemand Geld brauchte oder für etwas sparte, hatten wir keine Probleme einen freiwilligen Arbeiter zu finden.

Wenn ich herumfrage, wie es so mit der Hilfe der Kinder aussieht, stöhnen Mütter häufig: „Ich komme damit nicht durch. Die Kinder maulen und sind nur unwillig bei der Sache. Am liebsten würde ich aufgeben und den ganzen Kram alleine machen."

Gib nicht auf! Deine Kinder brauchen es für ihre Lebenstüchtigkeit, und du hast ein Recht auf diese Erleichterung. Du bist nicht die Putzfrau deiner Familie. Ich wünschte, dein Mann sieht es auch so und unterstützt deine Position. Damit deine Kinder mithelfen, brauchst du eine langfristige, kluge Strategie. Ich hoffe, meine Beschreibung wird dir helfen, zum Ziel zu kommen.[18]

---

[18] Weitere Tipps bekommst du unter den entsprechenden Stichworten in unserem Großen Familien-Handbuch. www.muehlan-mediendienst.de.

Ziele setzen

Ruf dir noch einmal die Ideen und Vorschläge von mir und anderen Müttern in Erinnerung, die du gerade gelesen hast. Welche Ziele wirst du dir setzen?

Jetzt will ich doch einmal von langfristigen und kurzfristigen Zielen sprechen. Wo möchtest du, sagen wir einmal, in fünf Jahren stehen? Was für eine „Familienmanagerin" möchtest du dann sein?

Lass mich einige Vorschläge machen:

- Ich will nicht in den Tag hineinleben, sondern meine Arbeiten planen und organisieren!

- Ich möchte meine Familie gesundheitsbewusst ernähren und eine gute Köchin sein!

- Ich will in der Kindererziehung sicher sein!

- Ich will, dass meine Kinder eigenständig sind und eine gute Arbeitshaltung haben!

- Ich will ausgeglichen und fröhlich bleiben. Dazu gehört, dass ich Zeit zu meiner Entspannung und Weiterbildung einplane!

- Ich will kontaktfreudig sein und einen guten Freundeskreis haben!

Hiermit habe ich die Ratschläge dieses Kapitels in etwa zusammengefasst. In einigen Punkten bist du sicherlich schon recht gut –

aber was ist mit den anderen? Welche davon möchtest du im nächsten Jahr verwirklichen? Kreuze doch zwei an und mache einen Plan, wie du sie in die Praxis umsetzen kannst.

Wenn du zum Beispiel nicht mehr in den Tag hinein leben, sondern deine Arbeiten planen und organisieren willst, wirst du nicht ohne Terminer und Wochenplan auskommen. Also besorge dir so ein Ding und fange an, deine täglichen Arbeiten zu strukturieren.

Du wünschst dir als Vollzeitmutter, dass dein Mann sich mehr um die Kinder kümmern kann? Dann sieh zu, dass du tagsüber mit deiner Arbeit durchkommst und sprich mit ihm über eine gute Arbeitsteilung nach Feierabend, aber nicht fordernd und nörgelnd. Ermutige ihn und zeige dich dankbar, wenn er seinen Teil tut. Obwohl sie gute Väter sein wollen, sind manche Männer recht ungeschickt und brauchen einfach Hilfe.

Geht's ums gesunde Kochen sind viele junge Mütter unsicher. Kein Wunder, denn wer lernt es noch so richtig in der Familie, in der er aufgewachsen ist? Melde dich doch einfach einmal bei einem Kochkurs an, lies einige gute Bücher zu gesundheitsbewusster Ernährung, und stelle mit deinem Mann und deinen Kindern Mahlzeitenpläne auf. Du wirst sehen, das ist gar nicht so schwer, und zum Schluss bist du glücklich über das, was du erreicht hast.

Habe keine Scheu, mit anderen erfahrenen Eltern über Erziehungsfragen zu sprechen. Warum soll jeder die gleichen Fehler wiederholen? Man kann doch voneinander lernen! Auch ein Erziehungsseminar kann enorm weiterhelfen, zum Beispiel bei „Team.F – Neues Leben für Familien e.V.".[19]

Wenn du deine Kinder besser verstehst und ihre persönliche Reife berücksichtigen kannst, wirst du sie auch zu einer guten Arbeits-

---

[19] Schau einmal unter www.team-f.de.

haltung in der Familie anleiten können. Erspare dir die Demütigung, „Mädchen für alles" zu sein.

Schmökere noch einmal das Kapitel „Emotionale Balance" (Seite 63) durch. Und plane feste Termine ganz für dich persönlich ein.

Bleibe am Ball, was Freundinnen und Familien mit gleichaltrigen Kindern betrifft. Wenn du nicht auf andere zugehst und bestehende Kontakte pflegst, bleibst du einsam. Denke deinen Bekanntenkreis und deine Nachbarschaft durch: Mit wem willst du in den nächsten Wochen Kontakt aufnehmen?

Wenn du noch ziemlich am Anfang stehst, fühlst du dich von dem, was ich eben gesagt habe vielleicht überrollt. Deswegen ist es gut, sich nur wenig vorzunehmen, aber dann dran zu bleiben. Hast du erst einmal ein paar Erfolgserlebnisse, wirst du dich auch an schwierigere Themen heranwagen!

Lebensphasen erkennen und gestalten

Das Thema Lebensphasen hat sich für mich erst in späteren Jahren so richtig aufgetan und fasziniert. Es liegt auf der Hand, dass man in jüngeren Jahren mehr im Heute und Jetzt lebt, weniger in Vergangenheit und der weiten Zukunft. Es gibt ja auch noch nicht so viel auszuwerten.

Und dennoch ist es wichtig für dich zu erkennen, dass sich dein gesamtes Leben in Phasen abspielt, die erkannt und bestanden werden müssen. Der große Meister zum Thema Lebensphasen ist der katholische Religionsphilosoph Romano Guardini[20]. Fast jeder, der heute etwas zu Lebensphasen sagt, beruft sich auf ihn.

Dem Grundgedanken nachgehend, was die Bestimmung des Menschen sei, teilt Guardini das Leben eines Menschen in unterschiedliche Alters- und Berufungsphasen ein. In jeder dieser Phasen lernt der Mensch etwas über das Leben, sei es positiv oder auch negativ. Es sind auch bestimmte, für die Phase typische Aufgaben zu erfüllen. In jeder Phase gibt es einzigartige Möglichkeiten, sein Leben zu gestalten, die es vorher und hinterher in dieser Art kaum wieder gibt. Als Christ weiß man auch um Aufgaben und Berufungen, die Gott stellt. Nach Guardinis Beobachtung endet jede Lebensphase mit einer „Krise". Das heißt, der Übergang zu der nächs-

---

[20] Romano Guardini, Die Lebensalter, ihre ethische und pädagogische Bedeutung, Topos Taschenbücher, 1986.

ten Phase verläuft nicht reibungslos und ist immer mit einer gewissen Herausforderung oder Umstellung, eben mit einer Krise, verbunden - und zwar einer für jede Phase ganz typische Krise. Unter einer Krise versteht Guardini einen Wendepunkt oder eine Neuorientierung - nicht nur eine negative Herausforderung -, wie es landläufig gesehen wird.

Diese Gedanken haben mich regelrecht fasziniert und ich habe mir die Mühe gemacht, mir meine bereits vergangenen Lebensphasen anzuschauen sowie auszuwerten und mich auf die vor mir liegenden Lebensphasen einzustellen. Als ein Christ, der sich Gott anvertraut und von ihm getragen weiß, kann man dabei sehr bedeutsame Entdeckungen machen: Nämlich, dass es einen „roten Faden" gibt, der das eigene Leben durchzieht. Das ist Gottes Bewahrung und seine Führung. Das hat mich mit Staunen erfüllt. Eine Erkenntnis war: „Claudia, du hast mehr von Gottes Gnade und Bewahrung gelebt, als es dir überhaupt bewusst gewesen ist." Diese Erkenntnis, dass Gott über dem Leben gewacht und es geleitet hat, kann sehr zuversichtlich machen für die Lebensphasen, die noch vor einem liegen. Denn Gott meint es immer gut mit dir![21]

Das turbulente Leben einer Frau heute

Nun behaupte ich, dass das Leben einer heutigen, westlichen Frau, besonders wenn sie auch Kinder haben will, in der Regel von intensiveren und vielfältigeren Lebens- und Berufsphasen gekennzeichnet ist als das eines durchschnittlichen Mannes, dessen

---

[21] Wenn du das Thema für dich noch vertiefen willst, höre dir unsere Seminarreihe „Lebensphasen erkennen und gestalten" an. Album 5600. www.muehlan-mediendienst.de.

Denken sehr stark um Ausbildung und Beruf zentriert ist (mitlesende Männer mögen mir verzeihen). Ich werde es gleich begründen.

Dir ist sicherlich bewusst, dass im Vergleich zu früher - und selbst in der heutigen Zeit zu Frauen in anderen Kulturen - eine junge Frau in Deutschland viel, viel mehr Möglichkeiten hat, ihr Leben eigenständig zu gestalten. Es gibt so viele Lebensmodelle, dass manch eine überfordert zu sein scheint, wie sie ihr Leben überhaupt gestalten will.

Eine Frau trifft die Entscheidung, ob sie Single bleiben will oder doch heiraten. Bei der Berufswahl muss sie entscheiden, ob ihr künftiger Beruf Familien freundlich oder erschwerend wird. Dann kommt die Entscheidung: Kinder ja oder nein? Und wenn ja, wie viele? Alle diese Entscheidungen prägen ihren Lebensverlauf. Eine weitere Entscheidung: Wie kann ich meine Berufstätigkeit mit Familie vereinbaren? Steige ich für einige Jahre ganz aus? Aber wie finde ich dann wieder zurück in den Beruf?

Dann kommt das Älterwerden: Frau muss sich umstellen von Kleinkindern, zu Grundschulkindern, Teenagern, erwachsenen Kindern außer Haus. Ihre Lebensenergie schwindet und ihr Körper verändert sich. Die Wechseljahre bringen dann wohl den einschneidendsten Wendepunkt in ihrem Leben.

Vielleicht werden ihr auch einige Entscheidungen aufgezwungen oder einfach abgenommen durch Krankheiten, Unfälle, Scheidung, Verwitwung, Verlust eines Kindes. Und wieder muss das Leben neu gestaltet werden.

Kluge Entscheidungen treffen

In welcher Lebens- und Berufungsphase stehst du jetzt? Ich vermute, die meisten Leserinnen befinden sich gerade in einer aktiven

Mutterphase (sonst würden sie das Buch wohl kaum lesen). Also werde ich meine Gedanken einmal um junge (verheiratete) Mütter kreisen lassen. Da gibt es solche, die die volle Berufstätigkeit beibehalten wollen, andere planen auf Teilzeit zu gehen und einige wollen für einige Jahre aus dem Beruf aussteigen, um sich ganz den Kindern widmen zu können. Vollzeitmütter für ein ganzes Leben wird es in unserer Kultur wohl kaum noch geben.

Grundsätzlich finde ich es großartig, dass Frauen heute so viele Freiheiten und Entscheidungsmöglichkeiten haben. Andererseits kann dies alles aber auch verwirren und zu gravierenden Fehlentscheidungen führen. Manchmal sage ich mir: Eigentlich müsste jede junge Frau einen persönlichen Coach haben, um bei der Vielzahl an möglichen Lebensmodellen das richtige für sich zu finden.

Nach welchen Kriterien willst du entscheiden? Wie formulierst du deine Lebensgrundwerte? Darf ich dir einige Vorschläge machen? Die folgenden Thesen sind Werte, die mir mein Leben lang immer vor Augen gestanden haben:

- Die Beziehung zu meinem Ehepartner darf durch keine meiner Entscheidungen Schaden erleiden, weder durch Beruf, Kinder oder anderes.

- Das Wohl meines Kindes steht bei meinen Lebensentscheidungen an oberster Stelle und ist mir so wichtig, dass ich bereit bin, dafür Opfer einzugehen.

- Bei allen Verzichten und Opfern werde ich dennoch darauf achten, dass ich nicht zu kurz komme und eine erfüllende Lebensbalance beibehalte.

- Ich will meinen Blick jedoch nicht nur auf Ehe und Kinder richten, sondern auch meine Umwelt vor Augen haben und zupacken, wo Not ist.

- Bei all meinen Lebensentscheidungen bin ich auf Gottes Reden und seine Führung angewiesen. Ich will mich stets bemühen, seine guten Absichten für mein Leben zu erkennen.[22]

Kannst du mit diesen Werten übereinstimmen? Würdest du es anders formulieren oder noch weitere Werte hinzufügen? Es ist enorm wichtig, dass du Lebenswerte für dich formulierst, die deine Entscheidungen leiten sollen.

Immer in die Ehe investieren

Vielleicht fragst du dich, wie wir unser Eheleben bei der großen Kinderzahl überhaupt aufrechterhalten konnten und jetzt auch noch nach 43 Jahren glücklich verheiratet sind. Wir waren immerhin erst zwei Jahre verheiratet, als wir die ersten sechs Kinder bekamen — sehr jung und noch in der ehelichen Anpassungszeit.

Aber wir hatten gute Startchancen: Die zwei ersten Ehejahre konnten wir echt genießen, weil wir alles zusammen unternahmen. Wir wurden von der Geburt des ersten Kindes nicht „überrascht", sondern hatten es uns gewünscht und waren darauf vorbereitet. Damit, dass dann so viel Arbeit auf uns zukommen würde, hatten wir allerdings nicht gerechnet. Diese Umstellung mussten wir erst mal unter die Füße bekommen.

---

[22] Dazu hat Eberhard ein tolles Buch geschrieben: E. Mühlan, Führung durch den Heiligen Geist. Warum wir sie brauchen - wie wir sie erleben. Leuchter Edition. www.muehlan-mediendienst.de.

Nun hatten wir aber auch schon vorher die Augen aufgemacht und beobachtet, wie andere junge Eltern in ihrer Ehe kämpften, weil sie den Kleinkinderalltag schlecht in den Griff bekamen. Manche gifteten sich an: Alles drehte sich um den kleinen Schreihals, und die Eltern waren zu nichts mehr zu gebrauchen.

Wenn wir uns darüber unterhielten, beschwor Eberhard mich regelrecht: „Claudia, so etwas darf uns niemals passieren. Unsere Beziehung darf nicht unter Kindersorgen leiden. Die Kinder werden alle groß und selbständig und verlassen uns eines Tages, aber mit dir will ich glücklich alt werden. Lass uns nicht die Fehler anderer wiederholen, sondern von vornherein unsere Zweierbeziehung genügend pflegen!"

Das habe ich mir zu Herzen genommen und immer daran festgehalten, auch wenn es mir zwischendurch mal schwer fiel. Ich wollte, dass Eberhard sich immer mit Überzeugung sagen kann: „Claudia übertrifft alle…!" Trotz unablässigem Kinderkram wollte ich vielseitig und interessant bleiben. Ich musste etwas für mich tun, wenn ich eine ebenbürtige Gesprächspartnerin bleiben wollte. Man braucht einfach eine Portion Eigenständigkeit, um eine anregende Partnerin zu bleiben.

So anstrengend die Jahre auch waren, in denen Eberhard fast jedes Wochenende allein zu Vorträgen unterwegs war, sie hatten auch etwas Gutes: Ich musste meine freien Abende selbst gestalten. Ich lud Freundinnen ein, machte ausgiebig „Stille Zeit", nähte, bastelte oder las. Wenn Eberhard dann endlich wieder da war, hatten wir uns wirklich viel zu erzählen, und auch die sexuelle Sehnsucht war wieder da. Wenn man ständig aufeinander hockt, gehen diese Anreize leicht verloren.

Deshalb tut mancher Mutter auch eine gewisse Berufstätigkeit gut. Sie kommt aus dem Haus, geht unter Menschen, schnappt Anregungen und Ideen auf.

Einem gewissen Frauentyp muss ich eindringlich sagen: Drehe dich in deinen Gedanken bitte nicht nur um Haushalt, Kinder und Alltagskram. Bei aller Liebe zu seiner Familie muss es für einen Mann ermüdend sein, wenn die Gespräche mit seiner Frau nicht über Kindersorgen, Reparaturen, Anschaffungen und darüber, was Frau Meier nebenan über Frau Müller gesagt hat, hinausgehen…

Zeige Interesse an seinen beruflichen Fragen, bleibe gesellschaftspolitisch auf dem Laufenden, sprecht über geistliche Themen und bilde dich weiter.

Was könnt ihr beide unternehmen, um Abwechslung zu haben und euch zu entspannen? Eberhard ist von uns beiden immer der Aktivere gewesen. Mir reichte es manchmal, die Beine auszustrecken, zu schmökern oder nichts zu tun, aber ihn zuckte es richtig in den Gliedern. Dann lockte er mich abends noch aufs Fahrrad und schließlich war ich doch froh, mich aufgerappelt zu haben. Oder wir bummelten Hand in Hand und setzten uns abschließend in ein gemütliches Restaurant. Bei uns gab es so einen netten „Chinesen" und einen freundlichen „Türken", die kannten uns schon gut und schauten uns nicht schräg an, wenn wir uns eine Portion teilten. Uns ging es schließlich nicht darum, den Magen voll zu schlagen, sondern um die Abwechslung und die Atmosphäre. Wenn wir uns bei Kerzenschein gegenübersaßen und dabei plauderten oder vertraut schwiegen, waren wir alte Freunde und konnten den Alltag und die Kinder blitzschnell vergessen. Interessant, heute zieht es uns gar nicht mehr in ein Restaurant. Wir zünden lieber zu Hause die Kerzen an, kochen uns etwas Schönes und genießen die Zweisamkeit zu Hause (Eberhard hat sich nämlich zu einem tollen Hobbykoch gemausert). Aber früher mussten wir einfach von Zeit zu Zeit aus dem Haus.

Auch ein „Ultra-Kurz-Urlaub" kann enorm entspannen. Dazu braucht man liebe Großeltern oder gute Freunde, damit die Kinder versorgt sind. Manchmal fuhren wir am frühen Abend mit unserem alten Wohnwagen los und waren am nächsten Tag zum Mittagessen wieder zurück. Abends wurden die Kinder von Freunden betreut, die auch bei uns übernachteten, und am Vormittag waren sie ohnehin in der Schule oder im Kindergarten. Sie merkten kaum, dass wir weg waren, aber wir haben es genossen.

Andere Paare treiben gemeinsam Sport, musizieren, basteln, gehen ins Kino oder Konzert. Es müsste doch etwas geben, woran ihr beide Gefallen findet und was gleichzeitig eure Freundschaft vertieft!

Erschöpfte Mütter und Sexualität – das passt nicht zusammen, aber Mütter sind nun mal oft erschöpft. Viele kennen Phasen, in denen sie überhaupt keine Lust zum Sex haben – mir ging es manchmal auch so. Und wenn es dann doch wieder geklappt hat, bist du ganz glücklich und aufgeräumt.

Einer der Unterschiede zwischen Mann und Frau bezüglich der Sexualität ist offensichtlich, dass er Geschlechtsverkehr haben kann, um sich dabei zu entspannen, während sie entspannt sein muss, um etwas davon zu haben; nicht immer, aber meistens. Ein Mann kann fürchterlich enttäuscht und fertig sein – aber sich dann in den Armen seiner verständnisvollen Frau verkriechen, schmusen, streicheln und einen Orgasmus bekommen – das entspannt. Als Frau könnte man fast neidisch werden, wie schnell er umdenken kann. Gönne es ihm, selbst wenn du manchmal weniger davon hast.

Aber dann sieh zu, dass auch du auf deine Kosten kommst. Weiß dein Mann, wie du es dir wirklich wünschst und was du empfindest? Aber wie soll er es wissen, wenn du nicht mit ihm darüber redest? Wir Frauen sind komplizierte Typen: Manchmal verstehen wir uns selbst nicht, erwarten es aber von unseren Männern.

Erkläre ihm, warum du manchmal keine Lust hast und was dir schwer fällt. Ein Mann kann die Zurückhaltung seiner Frau sonst leicht als Ablehnung empfinden und dieses Missverständnis kann eine Beziehung belasten. Aber wenn er weiß, wie dir zu Mute ist, kann er dir besser beistehen.

Ich denke, abschalten zu können und nicht gestört zu werden, ist für eine Frau ganz wichtig. Richtet das Schlafzimmer als euer eigenes Reich ganz schnuckelig ein und schließt hinter euch ab, um kindliche Nachtschwärmer zu bremsen. Und dann sorge dafür, dass du rechtzeitig abschalten kannst: Dabei muss jede Frau ihre eigenen Tricks entwickeln. Der einen reicht es schon, wenn sie sich in der Badewanne entspannen und sich pflegen kann, während ihr Mann sich um die Kinder kümmert. Oder ganz gemütlich bei Kerzenschein und Musik miteinander essen und plaudern und dabei neue Unterwäsche ganz „unverbindlich" reizvoll glitzern lassen – das kann nicht nur deinen Mann anregen, sondern auch dich. Reißt doch einfach von Zeit zu Zeit einmal eine Nacht aus, dann bleibt ihr bestimmt ungestört. Lasst eure Freunde mit ihren Kindern übers Wochenende in eure Wohnung ziehen – ihr macht deren Wohnung unsicher – und ein andermal halt umgekehrt.

Sexualität in der Ehe ist etwas ganz Persönliches, soll Spaß machen, entspannen und die Partner noch näher zusammenführen. Es wäre einfach schade, wenn euch dieser Lebensbereich zusätzlich belasten würde.[23]

Checkliste zur ehelichen Zufriedenheit

Wir möchten dir eine Checkliste vorstellen, die junge Paare auf unseren Seminaren bekommen. Wir bitten sie, sie zweimal im Jahr

---

[23] Dazu unser Seminar: Die Ehe – ein ständiges Liebesabenteuer? Romantik und Sexualität im Ehealltag. Nr. 1211. www.muehlan-mediendienst.de.

durchzugehen, um so über ihren Zufriedenheitsgrad in der Ehe ständig aufrichtig im Gespräch zu bleiben.

Schau dir die Punkte der Checkliste einmal an. Sie schneiden die wichtigen und oftmals kritischen Bereiche des Ehealltags an: Freizeitbeschäftigung, Romantik und Sexualität, Kommunikation, Arbeitsteilung, geistliches Leben und christliches Engagement.

Die Häufigkeit unserer gemeinsamen Freizeit.

| 1 | 2 | 3 | 4 | 5 | 6 | 7 | 8 | 9 | 10 |

Die Qualität unserer gemeinsamen Freizeit.

| 1 | 2 | 3 | 4 | 5 | 6 | 7 | 8 | 9 | 10 |

Unser Zusammensein mit Freunden.

| 1 | 2 | 3 | 4 | 5 | 6 | 7 | 8 | 9 | 10 |

Unser zärtlicher, romantischer Umgang.

| 1 | 2 | 3 | 4 | 5 | 6 | 7 | 8 | 9 | 10 |

Unser sexueller Umgang.

| 1 | 2 | 3 | 4 | 5 | 6 | 7 | 8 | 9 | 10 |

Die Häufigkeit unseres Geschlechtsverkehrs.

| 1 | 2 | 3 | 4 | 5 | 6 | 7 | 8 | 9 | 10 |

Unsere Kommunikation.

| 1 | 2 | 3 | 4 | 5 | 6 | 7 | 8 | 9 | 10 |

Die Art, wie wir Konflikte lösen.

| 1 | 2 | 3 | 4 | 5 | 6 | 7 | 8 | 9 | 10 |

Die Art, wie wir Aufgaben verteilen und ausführen.

| 1 | 2 | 3 | 4 | 5 | 6 | 7 | 8 | 9 | 10 |

Die Art, wie wir unser Geld verwalten.

| 1 | 2 | 3 | 4 | 5 | 6 | 7 | 8 | 9 | 10 |

Die Gestaltung unseres geistlichen Lebens.

| 1 | 2 | 3 | 4 | 5 | 6 | 7 | 8 | 9 | 10 |

Unsere Gemeindeaktivitäten bzw. unser Ehrenamt.

| 1 | 2 | 3 | 4 | 5 | 6 | 7 | 8 | 9 | 10 |

Zu jedem Punkt gibt es eine Werteskala von 0 bis 10. Die 0 bedeutet „nicht zufrieden", die 5 bedeutet „ausreichend" und die 10 „super".

Gebrauche ein X, um deinen eigenen Zufriedenheitsgrad in den einzelnen Ehebereichen anzukreuzen, und einen Kreis, um anzuzeigen, wie du die Zufriedenheit deines Partners einschätzt.[24]

In Ruhe über den Ehealltag sprechen

Reserviert euch einen ruhigen Abend oder gleich ein privates Ehewochenende, an dem ihr ungestört zusammensitzen könnt und geht die Liste Punkt für Punkt durch. Sie ist eine ideale Hilfe, um offen über die Bereiche eurer Beziehung zu sprechen, in denen du zufrieden oder unzufrieden bist.

Fasst euch an den Händen, schaut euch in die Augen, und beratet, wie ihr in den einzelnen Punkten zu einer größeren Zufriedenheit finden könnt. Wenn ihr aufrichtig seid, werdet ihr euch bestimmt lange unterhalten. Vielleicht fließen auch Tränen, weil dir deine Defizite bewusst werden, weil einer dem anderen die Wahrheit ins Gesicht sagt oder weil euch die eigene Ohnmacht vor Augen steht.

Dann beteuert euch gegenseitig euren guten Willen und vergebt einander. Ohne feste Vorsätze und ohne Vergebung wird ein Neuanfang kaum möglich sein. Wagt es, miteinander zu beten und Jesus um Hilfe zu bitten. Er kann verschüttete Energien freisetzen und neue Liebe für den Ehepartner wecken.

---

[24] Mühlan, Das große Familien-Handbuch. Erziehungstipps für alle Entwicklungsphasen Ihres Kindes. www.muehlan-mediendienst.de.

Wenn du siehst, dass es trotzdem nicht vorangeht, dann lass bitte nicht resignierend den Alltag einfach wieder einziehen. Es gibt gute Ehebücher und Vorträge[25], die Tipps für euer Eheleben geben können. Oder besucht gleich ein Seminar zur Vertiefung der Ehebeziehung, wie wir es zum Beispiel innerhalb unserer Familienorganisation Team.F[26] anbieten.

Stets das Wohl des Kindes vor Augen

Das lässt sich schnell sagen: „Habe stets das Wohl deines Kindes vor Augen." Was heißt das denn nun? Was benötigt ein Kind wirklich, damit es sich wohl fühlt und geborgen und sicher heranwachsen kann?

Da geht es in familienpolitischen Diskussionen hoch her, und es wird auch nicht gerade barmherzig miteinander umgegangen. Zu meiner Zeit als junge Mutter wurden bei uns in Westdeutschland die, die ihre Kinder frühzeitig in Betreuung abgaben, hartherzig als Rabenmütter verurteilt. Nach den Gründen, oder ob vielleicht eine Zwangslage vorlag, wurde nicht groß gefragt. Kinder waren zu Hause einfach am besten aufgehoben, basta! Heute ist es umgekehrt: Politik und Wirtschaft möchten, dass möglichst alle Kinder möglichst früh eine Ganztagsbetreuung bekommen, damit die Mutter schnell wieder in den Arbeitsprozess eingegliedert werden kann. Und wer sich gegen den Trend der Zeit stellt, wird unbarmherzig

---

[25] Dazu unser Vortrag: Besser miteinander reden lernen – die Kommunikation in der Ehe vertiefen. CD1203 oder gleich das Album 1200, Ehe leben - Ehe lieben. Vier wichtige Themen dazu. www.muehlan-mediendienst.de.

[26] Siehe www.team-f.de.

fertiggemacht. Jetzt sind die Vollzeitmütter die Rabenmütter, die dem Kind wertvolle Sozialkontakte mit anderen Kindern verweigern und sich einbilden, es besser zu können, als ausgebildete Fachkräfte. Die Förderung, wie sie in der Krippe gegeben wird, könne doch eine Laienmutter niemals bieten. Und der Ausdruck „Herdprämie" für das stark umstrittene Betreuungsgeld ist auch kein Kompliment.

Da stehst du nun zwischen den Fronten und fragst dich, was ist denn nun das Beste für mein Kind? Eine wichtige Orientierungshilfe für dich kann sein, stärker auf das zu achten, was Bindungsforscher und Kinderärzte sagen als auf familienpolitische Parolen.

Bindung und Gehirnentwicklung bei Babys und Kleinkindern[27]

Als ich eine junge Mutter war, war die Gehirnentwicklung noch kein Thema in den Medien. Es gab auch noch nicht die wissenschaftlichen Werkzeuge wie Gehirntopografie oder Pet-Scans, mit denen man heute die Entwicklung und Funktionen des Gehirns genau untersuchen kann. Hinzu kommen noch die Ergebnisse der Bindungsforschung, die zwar schon seit den 1960er-Jahren bekannt sind, aber offensichtlich aus familienpolitischen Gründen in der Öffentlichkeit kaum Beachtung gefunden haben.

Bindungs- und Gehirnforscher werden nicht müde, immer wieder zu betonen, dass die frühe Kindheit für die Bindungsfähigkeit und eine optimale Entwicklung des Gehirns enorm wichtig sind und dass Versäumnisse kaum wieder gut zu machen sind. In diesen Monaten bzw. Jahren ist die Formbarkeit eines Gehirns am größten. Das Kleinkind braucht in dieser wichtigen Zeit absolut verlässliche,

---

[27] Auszug aus Claudia Mühlan, Bleib ruhig Mama! Tipps für die ersten drei Jahre, S. 83. www.muehlan-mediendienst.de.

enge und beständige Bezugspersonen, von denen nach wie vor Mutter und Vater die Idealbesetzung ist.

Zunächst einige Gedanken zu den Ergebnissen der Bindungsforschung. In der Bindungsforschung gibt es den Begriff der primären Bindung, die ein Neugeborenes idealerweise in den ersten neun Monaten aufbaut. An der Intensität der Zuwendung (Nahrung, Nähe, Augenkontakt, Fürsorge, Sicherheit) wählt ein Neugeborenes aus, wer für ihn als primäre Bezugsperson zählt. Mit etwa sechs Monaten steht für das Baby fest, wer das ist. Ich wünschte mir, dass du es bist. Hinzu können noch zwei bis drei sekundäre Bezugspersonen wie Vater oder Geschwister hinzukommen. Wer Bindung aufbauen will, muss präsent sein und reagieren, wenn das Kind danach verlangt.

Fast alle machen die Beobachtung, dass ein Kind dann mit etwa neun Monaten zu fremdeln beginnt. Das ist ein sehr gutes Zeichen, denn das Baby weiß jetzt genau, wen es kennt und wen nicht. Ein Kleinkind braucht Zeit, um eine Bindung aufzubauen. Nach Aussagen des Bindungsforschers Bowlby müssen Kinder unter zwei Jahren unbedingt eine feste Bezugsperson haben, sonst werden sie traumatisiert. Verlässlichkeit ist für diese Zeit ein ganz wichtiger Faktor. Erst ein Dreijähriger beginnt von außerhäuslichen Beziehungen zu profitieren (natürlich kann sich der Prozess um einige Monate vor oder zurück verschieben). Dann erst ist die Bindung emotional fest verankert und die Gehirnentwicklung so weit fortgeschritten, dass das Kleinkind Umstände kognitiv (vernunftgemäß) analysieren und verbal ausdrücken kann, wie ihm zumute ist. Die gleichlautende Botschaft aller Bindungsforscher lautet demnach: »Eine gute Beziehung zu den Eltern in den ersten drei Lebensjahren ist die beste Prävention gegen psychische Störungen, Suchtmittelabhängigkeit,

Übergewicht, kriminelle Entwicklung und sozialer Abstieg im späteren Leben.«[28]

An dem Angebot der Krippe kommen wir nicht vorbei. Fast 17% aller Eltern sind alleinerziehend und zunehmend mehr Paare sind aus finanziellen Gründen auf die Erwerbstätigkeit beider Eltern angewiesen. Hinzu kommen die Kinder, die aufgrund der desolaten familiären Situation in einer Krippe tatsächlich besser aufgehoben sind als zu Hause. Bindungsforscher sind auch nicht grundsätzlich gegen Krippenbetreuung. Nur muss sie gut genug sein!

Es verschlägt einem fast den Atem, wenn man ihre Forderungen an die Politiker liest: „Die Quantität außerfamiliärer Gruppenbetreuung (U3 = der unter 3jährigen) muss reduziert, deren Qualität dagegen dringend deutlich erhöht werden. Bei 0- bis 1-Jährigen höchstens 2 Babys pro Betreuerin; für die 1- bis 2-Jährigen das Verhältnis 3:1; für die 2- bis 3-jährigen 4:1; U3 Kinder sollten nie mehr als 20 Stunden in der Woche fremdbetreut werden."[29]

Ja, aber wo in Deutschland finden wir solch einen Betreuungsschlüssel? Und wer soll das dann bezahlen? Kein Wunder, dass die Forderungen von Bindungsforschern und Kinderärzten von der Politik und den Medien weitgehend totgeschwiegen werden.

Kinder sind sehr unterschiedlich!

Was machst du nun? Was ist das Beste für dein Kind? Da müssen einige Faktoren berücksichtigt werden.

---

[28] http://www.aerzteblatt.de.

[29] Bielefelder Kinderärzte-Kongress 2011, Weisses Kreuz - Zeitschrift für Lebensfragen. 3/2013, Nr. 55, S. 13.

Auch wenn ich zu den Vollzeitmüttern gehörte - wie sollte es auch anders gewesen sein bei so vielen Kindern -, verfechte ich nicht die Position, dass Kinder in den ersten drei Lebensjahren ausschließlich zu Hause bleiben müssen. Dazu sind familiäre Situationen und auch Kinder viel zu unterschiedlich.

Es gibt eine ganze Reihe von Kindern, die mit noch nicht mal zwei Jahren so aufgeweckt, lebensfroh und abenteuerlustig sind, dass sie mit Spielkameraden in einer Krippe gut aufgehoben wären - vor allem dann, wenn es keine entsprechenden Geschwister in der Familie gibt. Allerdings nicht den ganzen Tag. Da würde ich die Forderung der Kinderärzte nach höchstens 20 Stunden Fremdbetreuung pro Woche sehr ernst nehmen. Und dann benötigt das Kind Eltern, die es nach der Rückkehr in die Familie gut auffangen können, denn das Erlebte muss verarbeitet werden.

Es gibt aber auch Kinder - vielfach die „langsam zu erwärmenden" oder die zu Hochsensibilität neigenden -, wo man selbst mit drei Jahren noch Bauchschmerzen bekommt, sie in den Kindergarten zu entlassen. So ein Kind mit noch nicht mal zwei Jahren in die Krippe zu geben, kann tatsächlich Persönlichkeit schädigend sein.

In unserem Bekanntenkreis haben wir so ein süßes, empfindsames Geschöpf. Für die Mutter, eine Lehrerin, die jederzeit wieder in ihren geliebten Beruf einsteigen konnte, war es ein großes Opfer noch ein Jahr und noch ein Jahr ihr zuliebe zu Hause zu bleiben, während ihre robuste kleinere Schwester wiederum gern in die Krippe ging. Natürlich hat die Mutter sich um Kontakte zu anderen Kindern bemüht und sie auch stundenweise weggeben, aber schon ein halber Tag wäre für sie zu viel gewesen. Ich habe diese Mutter bewundert und ihr meine Hochachtung ausgedrückt. Sie hat für ihren Vorsatz, stets das Wohl ihres Kindes zu sehen, voll bezahlen müssen.

Wenn du genauso das Wohl deines Kindes als Maßstab nimmst, dann solltest du gut beobachten, zu welchem Persönlichkeitstyp[30] es neigt: Sozial offen, eigenständig oder eher zurückhaltend schüchtern und wie es grundsätzlich belastbar ist und mit Lärm und Stress umgehen kann.

Und wenn du an einen Betreuungsplatz oder eine Tagespflegestelle denkst, dann schau dir diese Einrichtung sehr aufmerksam an, ob sie den Forderungen von Kinderärzten in etwa nachkommt und dränge auf eine genügend lange, flexible Eingewöhnungszeit.

Flexibel und experimentierfreudig bleiben!

Darüber hinaus gibt es eine Reihe von Möglichkeiten, auf die besondere Situation eines kleinen Kindes Rücksicht zu nehmen und die der Mutter zu erleichtern. Diese Nischen muss man nur finden und auch bereit sein, dafür Ideen einzusetzen und Opfer aufzubringen. Da beobachte ich gern, wie meine erwachsenen Kinder mit Lebensformen experimentieren, stets mit dem Vorsatz, das Wohl des Kindes an erste Stelle zu stellen.

Als bei einer meiner Töchter das erste Kind geboren wurde, wollte sie nicht verfrüht in den Beruf als Erzieherin zurück. So eröffnete sie eine Tagespflegestelle. Ihrem kleinen Sohn - ein aufgeweckter, kontaktfreudiger Kerl - hätte es nicht besser treffen können, einerseits seine Mutter in der Nähe und andererseits einige Spielkameraden zum Herumtoben zu haben.

---

[30] Dazu: Claudia Mühlan, Bleib ruhig Mama! Tipps für die ersten drei Jahre, S. 62. Und Vortrag 5300, Jedes Kind ist einzigartig - Eltern auch. www.muehlan-mediendienst.de.

Ein Vater kann zum Beispiel seine ihm gesetzlich zustehende Elternzeit von einem Jahr voll ausnutzen, wie es einer unserer Schwiegersöhne[31] getan hat. Er möchte diese Zeit niemals missen. So einen engen Kontakt zu seiner Tochter hätte er sonst nicht aufbauen können. Da die Mutter in ihrem Beruf als Lehrerin voll aufging und er für eine Zeit arbeitslos war, übernahm er die Rolle des Hausmannes und ging gleichzeitig einer kleinen Selbständigkeit nach. So konnten sie für ihre Tochter Krippe und Kindergarten ganz flexibel in Anspruch nehmen.

Eine weitere Tochter hat drei Kinder und zusammen mit ihrem Mann stets an dem Vorsatz festgehalten, dass die Ehebeziehung und die Familie an erster Stelle stehen sollen. Dieser Vorsatz wurde mehrmals angefochten. Ich habe sie in ihrer klaren Prioritätensetzung bewundert. Es führte so weit, dass er seinen Arbeitsplatz wechselte, weil er nicht mehr so intensiv mit seinen Kindern zusammen sein konnte, wie er sich das vorgenommen hatte. Ihr beider Traum war immer ein gewisses Job-sharing, bei dem jeder ein Stück im Beruf stehen konnte und vor allem der Vater Zeit für seine Kinder haben konnte. Eine Zeit lang konnten sie dieses Modell umsetzen.

Da gibt es noch viele andere Möglichkeiten, sich flexible Modelle zu schaffen und so das Wohl der Kinder gut im Auge zu behalten.

Herausfordernd ist ganz gewiss die Situation, wo der Mann nach klassischem Muster sehr stark im Beruf gefordert ist, d.h. frühzeitig raus und spät abends zurück. Da liegt bei kleinen Kindern die Hauptlast nun einmal auf der Mutter, und es wäre das Beste, wenn sie, je nach dem Bedarf der Kinder zu Hause bliebe - wenn es finanziell tragbar ist.

---

[31] Seine Geschichte findest du in Eberhard Mühlan, Bleib cool, Papa! Guter Rat für viel beschäftigte Väter, S. 52. www.muehlan-mediendienst.de.

Und natürlich gibt es auch die Situationen, wo die Erwerbstätigkeit der Mutter nicht zu umgehen ist - bei Alleinerziehenden oder extrem niedrigen Einkommen. Solchen Müttern darf keiner noch ein zusätzlich schlechtes Gewissen machen. Sie benötigen Unterstützung - finanziell und ideell. Und daran fehlt es gewaltig.

Bist du davon betroffen, dann mal dir vor Augen, dass es auch noch eine Zeit nach der Krippe oder dem Kindergarten gibt, in der du viel auffangen kannst und die ihr wertvoll gestalten könnt. Wenn du nach deiner Arbeit noch ausreichend Energie dafür übrig hast... Und denk daran, dies ist lediglich ein Zeitfenster in der langen Mutterphase. Es wird auch wieder anders!

Dir wünsche ich, dass du für deine Mutterphase kluge Entscheidungen treffen und gute Möglichkeiten finden kannst. Das Spektrum ist weit - verliere das Wohl deiner Kinder nie aus den Augen.

Für die Öffentlichkeit wünsche ich mir, dass die Schwarz-Weiß Diskussionen zu Berufstätigkeit und Muttersein und die gegenseitigen Schuldzuweisungen ein Ende finden. Was Eltern benötigen, ist eine echte Wahlfreiheit zwischen Krippe und familiärer Betreuung - und zwar ganz flexibel der Reife des Kindes angepasst. Da haben Politiker und Arbeitgeber noch viel zu leisten, damit Eltern die zeitlichen und finanziellen Ressourcen voll ausschöpfen können. Für Kinder aus problematischen Familienverhältnissen und bei überforderten Eltern können Krippe und Kindergarten die besseren Orte sein, aber noch wichtiger ist, Eltern zu stärken und zu schulen, ihrer Verantwortung besser nachzukommen, wie es sich zum Beispiel Team.F vorgenommen hat.

Lebensphasen im „Lebensrad" planen

Ich möchte deine Gedanken wieder zu den Lebensphasen zurückführen und dich anleiten, einen weiten Blick für dein gesamtes Leben zu entwickeln.

Zugegeben, die Mutterphase kann recht lang werden - je nachdem, wie viele Kinder man einplant und in welchem Abstand sie kommen. Sie ist von weittragender Bedeutung. Wie Romano Guardini es ausführt, lernst du eine Menge in dieser Zeit. Ich frage mich, wer in diesen Jahren mehr gelernt hat: Die Kinder oder ich? Eins weiß ich, ich wäre heute ein anderer Mensch, wenn ich nicht all die Jahre mit den Kindern zusammen gelebt hätte. Sie haben mich eine Menge über meine Grenzen und Möglichkeiten gelehrt. Ich bin dankbar für meine Lernprozesse.

Guardini hat auch Recht, wenn er behauptet, dass es typische Aufgaben für diese Lebensphase gibt und einzigartige Möglichkeiten, sein Leben zu gestalten, die es vorher und hinterher in dieser Art kaum wieder gibt. Lass dir die Einzigartigkeit der Mutterphase nicht durch den Alltagskram verschütten. Weißt du noch, wie schwer es dir gefallen ist aus dem Bett zu kommen, um pünktlich den Bus zur Arbeit zu erreichen? Und dieser hässliche Regen auf dem Weg dorthin. Wie oft warst du so richtig durchgefroren. Und wie hat dich zum Schluss die ewige Routine genervt, und wie hast du jedes Wochenende herbeigesehnt? Und jetzt bist du freie Familienmanagerin! Morgens kuschelst du noch ein wenig mit den Kleinen im Bett, und wenn sie aus dem Haus sind, überlegst du, was du heute von deiner Liste abarbeiten willst. Wenn dir nicht danach zumute ist, könntest du auch deine Freundin besuchen oder einen Einkaufsbummel machen.

Nun gut, wie ich das Berufsleben etwas zu schwarz gemalt habe, habe ich beim Muttersein auch etwas übertrieben. Aber die Mutterphase hat auch etwas Tolles! Mal dir die positiven Seiten immer wieder vor Augen.

Guardini trifft voll ins Schwarze, wenn er sagt, dass diese Phase auch mit einer Krise - einem Wendepunkt und einer Neuorientierung - endet. Wie kaum eine andere Lebensphase, ist die Mutterphase davon voll betroffen. Da ist nicht nur die Loslösung von den älter werdenden Kindern, da muss das eigene Älterwerden verarbeitet und natürlich die gesamte berufliche Seite gestaltet werden.

Und noch eins macht das Denken über Lebensphasen anhand der Mutterphase deutlich: Es ist lediglich eine Phase unter vielen und es gibt definitiv weitere tolle Lebensphasen. Eine Mutterphase ist endlich, je nach Kinderzahl vielleicht so runde zwanzig Jahre von vielleicht achtzig oder mehr Lebensjahren (bei der heutigen Lebenserwartung einer Frau). Und so richtig deftig ist diese Phase nun einmal mit Schwangerschaft, Geburt und Kleinkindjahren, in denen man vielleicht einige Jahre aus dem Beruf aussteigt und ganz für die Kinder da ist. Was ist das schon angesichts eines langen schönen Lebens!

Mit diesen Worten möchte ich deinen Blick weiten und deine Perspektive ein wenig zurechtrücken. Gerade wenn du dich zurzeit herausgefordert und arg gebeutelt von deinem Familienleben fühlst und das Empfinden hast, es ginge ewig so weiter. Nein, es hat definitiv ein Ende, und du wirst sehr erfüllt und unendlich glücklich sein, wenn du einmal - so wie ich - zufrieden auf deine Mutterphase zurückschauen kannst, weil du jetzt die richtigen Prioritäten setzt und die nächsten Jahre deines Mutterseins von Herzen annimmst.

Mit der Abbildung eines „Lebensrades" kannst du für dich gut deine jetzigen Lebensbereiche darstellen und Prioritäten setzen.

Meine Freundin Birgit Schilling hat das in ihrem Buch „Besser einfach - einfach besser"[32] fein beschrieben:

„Vor einem Jahr nahm ich mir in unserem Sommerurlaub jeden Tag ein bis zwei Stunden Zeit, um mir diese Fragen zu stellen: „Birgit, was willst du mit dem Rest deines Lebens machen? Wo willst du hin? Was willst du weiterentwickeln? Was ist dein ganz spezieller Beitrag für diese Welt? Welche Gaben und Fähigkeiten hat Gott in dich hineingelegt, die du ausbauen und gebrauchen willst?"

An einem Morgen stand ich früh auf - die Familie schlief noch - und setzte mich in den wunderschönen Olivenhain unseres Ferienhauses. Ich malte zunächst einen Kreis auf ein großes Zeichenblatt. Dann unterteilte ich diesen Kreis in die Bereiche, die zurzeit mein Leben ausmachen - Ehe und Familie, Beruf, meine persönliche Entwicklung, meine Beziehung zu Gott und meine Aufgaben in unserer Kirchengemeinde -, und schrieb groß das Jahr darüber. Dann frage ich mich: „Birgit, wo möchtest du in fünf Jahren stehen? Was ist dein Ziel in jedem dieser Bereiche? Was ist deine Berufung?"

Das Blatt füllte sich mit immer mehr Stichwörtern und kleinen Zeichnungen. Und während ich so malte und schrieb, hatte ich das Empfinden: Genau das will ich! Das ist mein Ziel!"

Warum nimmst du dir nicht auch diese Zeit und malst dir deine jetzigen Aufgabenbereiche vor Augen und schätzt ein, wie viel Zeit und Energie sie in Anspruch nehmen. Ich habe dir ein „Lebensrad" entworfen - man könnte auch von einer Torte sprechen -, das du ausfüllen kannst.

---

[32] Bleier/Schilling, Besser einfach - einfach besser. Das Haushalts-Survival-Buch, SCM Hänssler, S. 33.

Bemühe dich, den folgenden Bereichen ein „Tortenstück" zuzu-
ordnen:

Ehe	Hobbys
Kinder	Freunde
Beruf	Kirchengemeinde
persönliche Entwicklung	gesellschaftliches Engage- ment

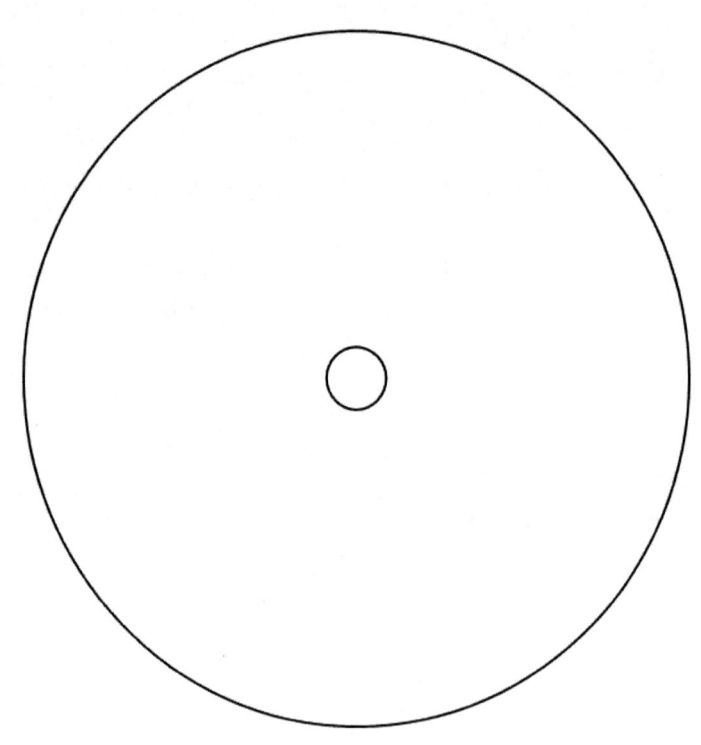

Wenn ich an meine heiße Familienphase zurückdenke, dann füllten die Bereiche Ehe und Kinder mehr als die Hälfte der Torte aus. Der Rest blieb für die übrigen Lebensbereiche. Mein heutiges Lebensrad sieht ganz anders aus: Das „Tortenstück" Kinder ist gewaltig geschrumpft, die Ehe prangt mit einem satten Stück, ebenso die persönliche Weiterbildung und meine beruflichen Tätigkeiten.

Wie mag dein „Lebensrad" für dein heutiges Leben aussehen? Wie bekommst du deine verschiedenen Lebensbereiche unter? Welchen Platz nehmen sie ein?

Wie möchtest du das „Lebensrad" ausfüllen für die Zeit, wenn die Kinder älter werden oder gar aus dem Haus gehen?

Eine junge Mutter erwähnte bei einem Seminar, dass sie demnächst wieder in ihren Beruf einsteigen werde. „Nur für einige Stunden in der Woche", beteuerte sie. Als sie das „Tortenstück" Beruf in ihrem Lebensrad neben all den anderen Bereichen unterbringen wollte, erschrak sie. Das war nicht so einfach. Sie musste die anderen Teile gehörig zusammenschneiden. „Da muss ich wohl noch einmal gründlich drüber nachdenken, ob es jetzt schon dran ist", murmelte sie.

Das Reden von der „Vereinbarkeit" von Familie und Beruf ist schlicht eine Unwahrheit. Es gibt nichts zu vereinbaren, es gibt nur zu addieren. Und das macht das Eintragen in einem Lebensrad mehr als deutlich.

Eine Mutter, an die man gern zurückdenkt

Wie werden deine Kinder dich im Gedächtnis behalten? Wie werden sie über dich denken, wenn sie aus dem Haus gegangen sind?

Schon zu Beginn unseres Familienlebens, als ich von der Verantwortung für sechs kleine Kinder regelrecht überrannt wurde und manchmal nicht wusste, wo mir der Kopf stand, formulierte ich in meinem Herzen einen Wunsch: „Meine Kinder sollen so wenig wie möglich unter meinen eigenen Macken und Unzulänglichkeiten leiden. Was mich betrifft, sollen sie eine möglichst problemlose Kindheit erleben. Von anderen werden sie noch genug auf den Deckel bekommen." Aber wie schafft man das?

Vor einigen Jahren war ich mit Eberhard auf einem großen Mitarbeiterkongress. In einem Seminar ging es um die Beziehung zum eigenen Elternhaus. Allen, die noch Verletzungen von ihren Vätern oder Müttern in sich trugen oder andere Verlusterfahrungen in ihrer Familie erlitten hatten, wurde zum Abschluss des Vortrags Gebet angeboten. Zu Tausenden strömten die Menschen nach vorn, viele davon selbst schon wieder junge Eltern.

Ich stand betroffen und mit Tränen in den Augen auf der Empore und konnte es nicht fassen: „Wie kommt es nur, dass Familienangehörige sich so viel Schmerz zufügen?" Eberhard beugte sich zu mir herüber und flüsterte: „Da steht die nächste Elterngeneration und will Heilung von Gott. Werden sie es schaffen, ihren Kindern weniger Leid zuzufügen, als ihre Eltern es taten?"

Viele junge Paare träumen von einer Familienidylle; gerade die, die von ihren Eltern enttäuscht worden sind, wollen alles anders und besser machen - und schaffen es doch nicht! Ihre Vergangenheit holt sie ein! Deswegen ist es so wichtig, versöhnt mit seiner Vergangenheit zu leben. Schau noch in das Kapitel „Versöhnt leben mit der Vergangenheit (Seite 44) hinein und reflektiere noch einmal über die Schritte zur Heilung und Vergebung.

Ohne diesen Prozess ist eine dauerhafte Verhaltensänderung kaum möglich. Danach wird es dir leichter fallen, mit Gottes Hilfe Schritt für Schritt verletzende Verhaltensweisen abzulegen, um deinen Kindern die Mutter zu sein, die du schon immer sein wolltest.

Ich wünsche mir, dass meine Kinder eigenständige Persönlichkeiten werden, gern an mich als Mutter zurückdenken und ihre Kindheitserfahrungen getrost auf ihre eigene Familie übertragen können.

Dazu sind mir im Laufe der Jahre folgende Vorsätze (zum Teil dadurch, dass ich negative Beispiele beobachtet habe) wichtig geworden.

- Ich will die Würde meiner Kinder achten und sie alle gleich lieb haben.

- Ich will nicht nachtragend sein.

- Ich will kein Kind aus übertriebener Mutterliebe an mich binden und damit unselbständig halten.

- Ich will mich nicht in das Leben meiner erwachsenen Kinder einmischen, aber – wenn sie wollen – als Beraterin für sie da sein.

- Meine Kinder sollen auf mich und meinen Lebensstil stolz sein können.

Die Würde achten.

Es stieß mich schon als Teenager ab, wenn ich Eltern begegnete, die meine Freundinnen anbrüllten oder lieblos behandelten. Von zu Hause kannte ich das kaum. Damals nahm ich mir vor: Wenn ich einmal Kinder habe, werde ich ihre Würde achten.

Natürlich bin ich bei meinen Kindern auch „ausgerastet" – leider! -, aber mit meinem festen Vorsatz und Gottes Hilfe habe ich gelernt, meine Reaktionen nach wenigen Familienjahren in den Griff zu bekommen. Der Gedanke, dass Kinder Geschöpfe Gottes und eine Gabe an mich sind und dass ich ihnen dementsprechend begegnen muss, hat mir sehr dabei geholfen. Wie kann ich ein Geschöpf Gottes anschreien oder verachten? Ich betete oft, meine Kinder mit Gottes Augen sehen zu können. Das hat mich vor Unbeherrschtheit bewahrt oder davor, sie würdelos zu behandeln.

Interessanterweise beobachte ich, wie meine Kinder ähnlich befremdet reagieren wie ich, wenn sie unbeherrschten Erwachsenen begegnen. Ein Kind sehnt sich danach, geachtet zu werden, anstatt einem Wechselbad mütterlicher Gefühle von überschwänglicher Liebe bis zu kalter Ablehnung ausgesetzt zu sein.

Ich will alle meine Kinder gleichermaßen lieb haben und schätzen. Keins soll in dem Bewusstsein aufwachsen: „ Mama mag mich nicht so sehr, sie zieht ein anderes Kind vor." So ein Kind wird garantiert nicht mit den wärmsten Gefühlen an seine Mutter zurückdenken.

Es kommt leider vor, dass man für ein Kind manchmal mehr Empathie empfindet als für ein anderes; manches macht es seinen Eltern durch seine Art nicht gerade leicht, es warmherzig anzunehmen. Aber muss man dem Kind das auch noch unter die Nase reiben?

Meine Kinder sind in ihrer Art und Begabung sehr unterschiedlich. Hinzu kommt die Herausforderung, unseren angenommenen

Kindern den gleichen Platz im Herzen einzuräumen wie den leiblichen. Wie ich das geschafft habe, möchtest du wissen?

Das ist selbst in meinen Augen ein Wunder! Wieder war es mein fester Vorsatz und mein Gebet. Ich akzeptierte von vornherein, dass jedes Kind anders ist und dass ich sie nicht miteinander vergleichen darf. So ein negatives Vergleichen macht unzufrieden und setzt Kinder unter Druck. Ich malte mir die Vorzüge und Einzigartigkeit jedes Kindes vor Augen und betete, Gottes Plan für jedes einzelne zu erkennen und es darin zu fördern.

Nicht nachtragend sein.

Zum Wachsen und Reifen gehört, dass man Fehler machen darf. Ich will keine Mutter sein, die ihre Kinder unter Druck setzt, die nörgelt, kritisiert und nachtragend ist. So sollen sie mich möglichst nicht im Gedächtnis behalten!

Hat jemand etwas angestellt und wieder bereinigt, soll die Sache nicht mehr auf den Tisch kommen. Für ein sensibles Kind ist es furchtbar, wenn die Eltern auch hinterher noch dicke Luft verbreiten. Bei kleineren Kindern war es für mich nie ein großes Problem zu vergeben und zu vergessen. Aber Teenager können einen viel stärker aus der Fassung bringen und verletzen. Nur gut, dass ich mich dann jedes Mal bei Eberhard ausquatschen und ausheulen konnte und erleben durfte, wie durch Gebet wieder Frieden und Heilung kam.

Keine übertriebene Mutterliebe.

Ich bin mir bewusst, dass ich bei dreizehn Kindern nicht so schnell in Gefahr gerate, sie in überschwänglicher Mutterliebe zu ertränken und unselbständig zu halten, wie es vielleicht bei einer Mutter mit ein oder zwei Kindern der Fall sein kann.

Kinder brauchen Liebe und Geborgenheit, aber auch Freiheit und die Achtung ihrer Privatsphäre. Hier das Gleichgewicht zu halten, ist nicht leicht.

Es gehört zu meinen Vorsätzen, meine eigenen Stimmungen, unbegründete Ängste oder Probleme nicht auf das Kind zu projizieren. Das muss ich schon mit mir allein ausmachen oder es in die Seelsorge bringen. Ich will meine Liebe auch nicht aufdrängen oder ständig besorgt in der Seele eines Kindes „bohren": Wenn ein Kind nicht schmusen oder erzählen will, muss ich das akzeptieren. Liebe und Offenheit basieren immer auf Freiwilligkeit!

Außerdem will ich mich nicht ungefragt in das „Privatleben" meiner Kinder einmischen, das heißt, unerlaubt in ihren Taschen, Schubladen und Schränken kramen oder hinter ihnen her schnüffeln. Gerade, wenn man sich Sorgen macht, kann dies zu einer großen Versuchung werden, und ich weiß, dass viele Mütter ihr erliegen. Aber in der Beziehung zu einem Teenager kann das verheerende Folgen haben. Bekommt er nämlich mit, dass du in seinem Tagebuch blätterst oder in den ersten, heimlichen Liebesbriefen schmökerst, kann ein riesiger Vertrauensbruch die Folge sein.

Übertriebene Fürsorge hält Kinder unselbständig. Wenn du deinem Fünfzehnjährigen immer noch die Schulbrote schmierst und ihm die Wäsche rauslegst, die er anziehen soll, kann es Gedankenlosigkeit sein, aber auch eine heimliche Waffe, um sich „unentbehrlich" zu machen und das geliebte Kind möglichst lange an sich zu binden.

Mir ist schmerzlich bewusst, dass ich mich mit meiner Erziehung „arbeitslos" machen muss. Alle Kinder sollen ihr Leben einmal selbständig und eigenständig gestalten. Denke nicht, dass dies allen Kinder auch gefällt! Manche würden sich gern noch mit Mitte zwanzig im „Hotel Mama" verwöhnen lassen. Aber ist das richtig? Sorge dafür, dass sie flügge werden!

Nicht zu sehr einmischen.

Eins habe ich an meinen Eltern sehr geschätzt: Als Eberhard und ich heiraten wollten, haben sie uns wirklich freigegeben. Sie sagten zwar, dass sie den Zeitpunkt zu früh fänden, weil Eberhard noch studierte, und dass sie uns finanziell nicht durchfüttern würden – aber dann haben sie uns in Ruhe gelassen und nur etwas gesagt, wenn wir sie gefragt haben.

Erst später bekamen wir mit, wie stark andere Eltern sich in junge Ehen einmischen, wie aus „wohlmeinenden" Finanzspritzen verpflichtende Druckmittel werden, wie immer noch „nacherzogen" und gegängelt wird und besonders Mütter sich schwer tun, ihre Söhne freizugeben und Schwiegertöchter zu akzeptieren.

Meine erwachsenen Kinder sollen frei sein, ihr Leben selbst zu gestalten und sich mir nicht verpflichtet fühlen. Ich bin in der Lage, mein Leben eigenständig zu führen! Im deutschen Sprachgebrauch gibt es einen neuen Fachbegriff – „Mama-Sitting". Mütter in den besten Jahren lassen sich ihre Hingabe und Liebe von ihren erwachsenen Kindern wieder zurückgeben. So, wie sie früher für ihre Kinder gesorgt haben, wollen sie jetzt umsorgt und verwöhnt werden.

Ich verstehe mich als Freundin und Beraterin meiner erwachsenen Kinder. Ich laufe ihnen nicht nach, der Kontakt zum Elternhaus ist freiwillig. Trotzdem werde ich häufig von ihnen um Rat gefragt – und das ehrt mich. Dabei bemühe ich mich, meine Meinung als Vorschlag zu formulieren, den die Kinder befolgen oder beiseite lassen können. Ich denke, diese Freiheit schätzen sie sehr; ich mag sie jetzt noch an meinen Eltern.

Eine Mutter zum Vorzeigen?

Der Satz ist wohl ein wenig übertrieben, aber ein bisschen stolz sollen deine Kinder schon auf dich sein! Für mich gehört eine gelungene Kombination mütterlicher Hingabe und meiner Eigenständigkeit dazu. Das ist der rote Faden, der dieses Buch durchzieht: Totale Hingabe an die Kinder ist genauso einseitig wie egoistische Eigenständigkeit zu Lasten der Kinder. In der Kombination liegt das Geheimnis, das niemanden zu kurz kommen lässt! Ich denke, in den vorangehenden Kapiteln habe ich genügend Beispiele genannt.

Darauf werden Kinder einmal zu Recht stolz sein können: Auf eine Mutter, die ihren Kindern so viel Hingabe gegeben hat, wie sie für ein eigenverantwortliches Leben brauchen, und dabei selbst so eigenständig geblieben ist, dass sie ihnen in ihrer Persönlichkeit und Lebensführung ein Ansporn und Vorbild bleibt.

So verstehe ich mein Frau- und Muttersein – und so wünsche ich es dir!

Du schaffst es!

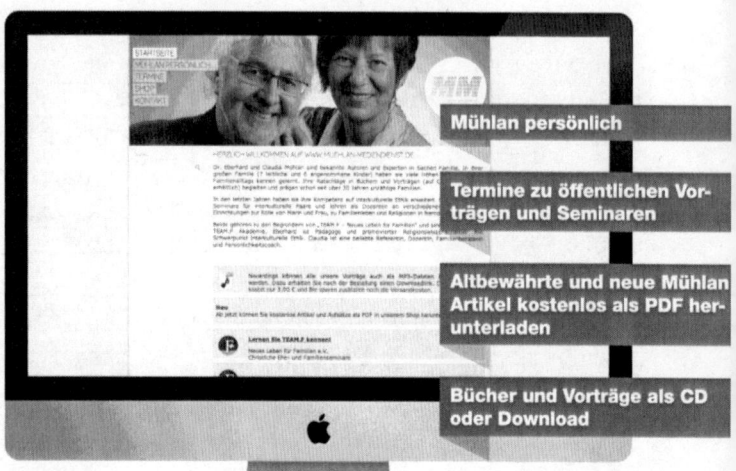

KLICK:
muehlan-mediendienst.de

Leipzigerstr. 233 . 38124 Braunschweig . Fon 0531-610730 . Fax 611941 . info@muehlan-mediendienst.de

EINZIGARTIG

Ein Kleinkind in das Leben zu begleiten ist ein spannendes Abenteuer. Denn jedes Baby kommt als ein Original mit individuellen Temperamentsanteilen zur Welt und nimmt von Anfang an aktiv an seiner Entwicklung teil, sagen die Psychologen Chess und Thomas. Wenn dem so ist, benötigen junge Eltern eine Anleitung, wie sie das individuelle Temperamentsmuster ihres Kindes richtig erkennen und fördern können. Dazu möchte ich Sie in diesem Buch anleiten.
Ein nächster Schritt ist, zu einem guten Zusammenspiel zwischen dem Temperamentsmuster des Kindes und dem Temperament sowie Erziehungsstil der Eltern zu finden.

Eberhard Mühlan, Einzigartig
MühlanMedien, Braunschweig
Paperback, 116 Seiten, 10,95 EUR
ISBN 978-3-944584-25-6

UNSER ABENTEUER

Mehr als 30 Jahre Familienleben und Pädagogik mit vielen Kindern (6 angenommene und 7 eigene) – das war ein Abenteuer! Nicht nur für die Eltern, auch für die Kinder.

Inzwischen sind alle Kinder erwachsen und aus dem Haus. Jetzt, wo alle genügend Abstand von der aktiven Familienphase haben, sind Eltern wie auch Kinder gern bereit über ihr Familienleben zu reflektieren: über das Schöne, über das Traurige, über die Fehler...

Wie ging das Ganze überhaupt los? Wie entwickelte sich das biblisch-orientierte Erziehungskonzept? Wie gestaltete sich der Alltag? Wie ging es den Kindern dabei? Was haben sie in einer so großen Familie empfunden?

C. & E. Mühlan, Unser Abenteuer
MENANDER Verlag, Braunschweig
Paperback, 150 Seiten, 10,95 EUR
ISBN 978-3-944584-23-2

WEITERE BÜCHER:

C.&E. Mühlan, Das große Familien-Handbuch
Erziehungstipps für alle Entwicklungsphasen Ihres Kindes.
Gebunden, DIN A5, 280 Seiten
Bestellnummer: 815434
Sonderpreis 18,00 EUR (statt 19,95 EUR)

E. Mühlan & A. Schröter, Total fertig oder voll gut drauf?
Helfen Sie Ihrem Kind mit seinen Gefühlen klarzukommen.
Paperback, 113 Seiten, 8,95 EUR
Bestellnummer: 815417

C. Mühlan, Bleib ruhig, Mama!
Überarbeitete Neuauflage.
Tipps für die ersten drei Jahre.
Paperback, 160 Seiten, 12,95 EUR
Bestellnummer: 394861

E. Mühlan, Bleib cool, Papa!
Komplett überarbeitete Neuauflage.
Guter Rat für viel beschäftigte Väter
Paperback , 128 Seiten, 8,95 EUR
Bestellnummer: 394992

E. Mühlan, Zwischen 9 und 13
Tipps für angehende Teens
Taschenbuch, 75 Seiten, 4,95 EUR
Bestellnummer: 816164

E. Mühlan, Führung durch den Heiligen Geist
Persönliche Führung durch Gott. Sicherheit bei schwierigen Entscheidungen. Gewissheit, dass Jesus dabei ist – Neuauflage.
Paperback, 147 Seiten, 8,95 EUR
Bestellnummer: 547242

MühlanMedien . Leipzigerstr. 233 . 38124 Braunschweig
Fon 0531-610730 . Fax 611941 . info@mühlanmedien.de

TEAM.F
Die Lebenspraktiker.

Wir selbst haben erlebt, dass unser Ehe- und Familienleben tiefer und erfüllter wurde, als wir begannen, Gottes Ratschläge für unsere Familienbeziehungen zu befolgen.

TEAM.F-Seminarthemen im Überblick:

→ **Freundschaft und Ehevorbereitung**
→ **Paar- und Ehebeziehung**
→ **Eltern und Kindererziehung**
→ **Familie erleben**
→ **Trennung und Neuorientierung**
→ **Persönlichkeit und Seelsorge**
→ **Single sein**
→ **Frauen unter sich**
→ **Männer unter sich**
→ **Akademie und Fortbildung**

TEAM.F · Neues Leben für Familien e.V.
Honseler Bruch 30 · 58511 Lüdenscheid · Fon 0 23 51.8 16 86
Fax 0 23 51.8 06 64 · info@team-f.de · www.team-f.de

MENANDER Verlag

...das Ihnen Hören und Sehen nicht vergehen

Am Alten Bahnhof 15 | 38122 Braunschweig | Fon 0531 - 214 544 0 | info@menander-verlag.de | www.menander-verlag.de

Endlich dünn! Abschied von 75 ungeliebten Kilos

Wie viel Rezepte gegen das Übergewicht mag es inzwischen geben? Das Ergebnis fast aller dieser Rezepte führt zum Jo-Jo- Effekt, das wissen wir alle, die es schon versucht haben: Mit großer Disziplin nimmt man ab, um wenig später umso mehr wieder zuzunehmen.

Umso eindrucksvoller ist es, wenn es Menschen gelingt, nicht nur ein paar Pfunde loszuwerden, sondern gleich anderthalb Zentner. Und zwar dauerhaft. Der Autor dieses Buches hat das geschafft. Die Schilderung seines Kampfes gegen das Fett hält den Leser regelrecht in Atem:und liest sich spannend wie ein Krimi.

Benjamin Paul Iddings
Endlich dünn! Abschied von 75 ungeliebten Kilos
Ratgeberkliteratur, 160 Seiten, PB, 10,95 EUR
ISBN 978-3-944584-02-7

Toby Thorsen und Lules Ende

Alles begann damit, dass ihm ein seltsam unheimlicher Mann einen Brief seiner tot geglaubten Eltern übergab. Nicht im Traum hätte Toby, wie der dreizehnjährige Tobyas Thorsen genannt wird, vermutet, dass seine Pflegeeltern Hannes und Irmchen in ein Komplott gegen ihn verwickelt sein könnten. Wollten sie ihn doch tatsächlich kurz vor seinem vierzehnten Geburtstag an einen geheimnisvollen Fremden ausliefern. Nur sehr knapp entgeht er der geplanten Entführung...

Benjamin Paul Iddings
Toby Thorsen und Lules Ende
Ein pghantastisches Krimi-Abenteuer
340 Seiten, PB, 15,90 EUR
ISBN 978-3-944584-00-3

www.menander-verlag.de